U0004764

不得罪人的回話術

365種教你如何說

NO!

的方法

蘇珊‧紐曼博士　｜克里斯汀娜‧錫瑞爾｜著
Susan Newman, PhD　｜Cristina Schreil｜

吳湘湄｜譯

晨星出版

本書獻給

正在做著數百萬件不願做的事情的數百萬個人們

——只因他們無法說 *NO!* ——

讀　好
者　評

一個巨大、普遍、惱人的問題（而且還會造成更多其他可惡的、無法擺脫的問題）就是，在「Yes」這個字從你嘴巴跳出來之前，你沒有先說「No」。在這本珍貴、實用又簡練的書裡，蘇珊‧紐曼博士運用她的智慧、技巧和機智，教導仁慈、友善、美好、慷慨的我們如何優雅地退出，如何婉拒幫忙又不得罪人，以及如何教會別人也做同樣的事情等。這是一本改變遊戲規則、挽救人生的書！

——愛德華‧哈洛威爾醫師，著有《分心不是我的錯》

如果你想當一個好朋友、友善的人以及有團隊精神的人，卻似乎總是把自己及自己想要做的事放在最後面，那麼你應該讀讀這本書。它會幫助你擊潰總是與「No」產生連結的恥辱和愧疚，並提供數百種如何在特別狀況下與人際關係中，將「No」這個字明確說出口的訣竅。你將瞭解自己為何會被捲入太常說「Yes」的背後心理，以及該如何做才能終止這個問題。

——愛麗絲‧博耶斯博士，著有《與焦慮和解》

《不得罪人的回話術》給人們防衛自己的勇氣。閱讀本書既愉悅又有收穫：你會發現自己感恩地嘆息並感覺更自由，因為你找到了明確表達拒絕的現成用語，並且思索著你的親朋好友中，有誰跟你一樣也需要這本書。

——裘蒂‧福斯特醫生

　　不堪重負？過度承擔？壓力太大？對於有順從傾向、容易答應他人請求的人而言，《不得罪人的回話術》是一本非讀不可的書。最具影響力的關係心理學家蘇珊‧紐曼博士，在本書中闡述為何有些人太常說「Yes」，以及他們要如何在沒有愧疚感或冒犯對方的情況下優雅地說「No」。將本書當作你的救生圈，以及如何處理與朋友、親戚、配偶、上司、同事、父母、子女甚至陌生人等關係的一個必備指南。你一定會想對這本書說「Yes」，並將它放在隨手可及之處。

──蜜雪兒‧玻芭博士，教育心理學家，
著有《我們都錯了！同理心才是孩子成功的關鍵》

　　難道無法對子女說「不」，是為人父母者生命中不可避免的事實？蘇珊‧紐曼博士將透過你可能熟悉或親身經歷過的各種育兒狀況，給父母們提供睿智的指導，引領他們走出太容易屈服於幼兒、青少年，甚或成年子女要求的惡習。假如你是個總是說「Yes」的父母，那麼你需要這本《不得罪人的回話術》來幫助你如何在教養子女的旅程中堅定自己的立場。對你和你的子女而言，那才是健全之道！

──艾咪‧麥克莉迪，知名作家

　　在一個受到及時行樂與模糊界線影響的世界裡，果斷說「No」並堅持實踐，正快速地成為一種失傳的藝術。所幸，蘇珊‧紐曼博士向大家伸出了援手。藉由詳細的範例、幽默感和容易執行的步驟，紐曼幫助我們探索自己在設定及維持健全界線時的障礙，並給予我們力量以終結個人過度的負荷。在對「不」說「Yes」的時候，

我們便可逐漸終止目前忙碌不堪的生活方式。

——凱蒂·赫莉，臨床社會工作者

這是一本聰明又實用的指南，能引導讀者走向一個適合其個人價值的人生。蘇珊·紐曼博士在這本書裡闡述了各種實際的情境和考慮周詳的回應，能幫助我們拋開那些令人感到怨恨和疲憊的承諾。不管是哭泣的幼童、苛求的熟人、引發你愧疚的親戚或不講理的同事等，《不得罪人的回話術》提供讀者各種設定健全界線的策略，以便你可以對那些真正重要的事情大聲說：「Yes！」。

——艾琳·甘迺迪摩爾博士，心理學家

對大多數人而言，說「No」很困難。我們被要求承擔額外的工作、幫忙同事和客戶完成我們職責外的業務。朋友、家人，甚至臉書上認識的人都會跟我們要求幫忙。沒錯，能幫別人的忙是一件好事，但最後我們卻可能負擔過重。在《不得罪人的回話術》這本書裡，蘇珊·紐曼博士給讀者提供了很有用的說「不」策略和竅門。當我需要在生活中多使用「No」這個字眼時，這本書將會是我隨手參考的指南。我也會將它推薦給那些有同樣需要的客戶、同事和朋友們。

——安迪·莫林斯基博士，布蘭戴斯大學教授

我們常常發現自己過度工作、壓力過大，因為我們在職場上或在家庭中承擔太多。簡言之，我們無法對別人說「No」！對那些太親切、太友善、太愛助人且真的不知如何建立關鍵性界線的人而言，蘇珊·紐曼博士的書，是一本不可或缺的指南。

——隆納德·雷吉歐博士，克萊蒙特·麥肯納學院心理學教授

有時你必須說「No」，如此才有時間對真正重要的事情——例如對你而言很重要的事、保持健康的事、增加快樂的事等——說「Yes」。這本實用的指南裡最重要的訊息就是：踢走說「是」的惡習，並擁抱「不」的力量。

——安·道格拉斯，知名作家

在《不得罪人的回話術》裡，社會心理學家蘇珊·紐曼博士提供了深刻的見解及非常有用的工具，幫助讀者建立界線並停止討好他人的劣習。這本書有趣、易讀，並且演示了各種情境，如親戚要求你幫忙照顧小孩、正值青春期的子女要求你載送他們與朋友出去玩，或老闆要求你放棄週末去處理公司的緊急事件等。每一個情境都附有明確的對話以及回應時可用的語言。書裡所有的「No」回應全都切中要點——堅定、清楚而尊重。我們許多人都奮力地想要在不傷害關係的情況下，巧妙地建立自己的界線，這本書正是我們所需的指南！

——米蘭妮·格林伯格博士，臨床心理學家

作者序

　　在《不得罪人的回話術》第一版問世十年後的今天，說「No」的感覺有多棒，仍然令我感到驚奇；其他相同意義的字眼——「我現在抽不出時間」、「我恐怕幫不上忙」、「我那天會很忙」等——亦然。更叫人驚奇的是，「拒絕」並不意味著世界末日，我的孩子不會因此而停止愛我，我的朋友、我的同事，也不會因此而遺棄我、忽略我。

　　過去十多年來，我們的生活開始感覺像個壓力鍋，來自他人的請求和要求越來越多。科技當然提升了衝突的可能性——人們總是期待及時的回應，而且不管是什麼原因，大部分的人都比起以往更加忙碌。

　　我觀察到的陷阱之一便是：如同許多人，我也自以為是，認為自己所能做的事比自己以為的還要多。想要在特定的時間裡完成一切，有些事就必須讓步。但是，要讓步的是哪些呢？我知道我必須改變自己的想法，然後進一步建立並防守自己的界線，因為界線正是拒絕當個無可救藥的濫好人、淹沒在永遠做不完的工作裡的關鍵。

　　誠然，你必須或想要幫忙別人解決的情況一定很多。《不得罪人的回話術》寫作目的不是為了替那些獨斷獨行的利己狂找藉口；相反的，它要挽救的是那些太常說「Yes」的人——包括我自己。本書要幫助的是那些答應去做某件事、最後卻發現自己的順從其實可有可無，因而恨不得踢自己屁股的人。

　　這個全新版本匯集了最新的情境和研究，要向讀者解釋為何「No」可能是最佳的答案；同時也提供了更多的方式，讓你在回答「No」時既不會有罪惡感也不會得罪某個人。請你從特別注意以下這些事情開始：是什麼樣的要求、如何和何時提出的要求，以及你有多快回應那些要求（通常我們會為了努力取悅、安撫或避免傷害某個人，而太快做出回應）。我衷心希望過不了多久，你就可以因為自己的字典裡有一個大大的「No」字，從此過著幸福快樂的生活。

　　本書的目的在於：當別人要求你奉獻時間、才能、體力、金錢、知識，或因為面子問題而使你忙得團團轉、承受巨大壓力、寶貴的時間被剝削時，你要如何對「No」這個字有更多的掌握。本書所提供的見解和範例，會幫助你強化自己的決心；如此一來，你就會有更多時間去為自己真正重視的人或事盡更多的力——而那也意味著：為**你自己**。

目次 **Contents**

讀者好評 004

作 者 序 008

0 | **前言** 013

測驗 **你是一個無可救藥的濫好人嗎？ 014**

取悅他人是一種病：你會說「Yes」的原因 015

說「No」，是一個可以學習的技巧 017

改變思維 019

設定界線 020

發揮「No」的效能 021

1 | **踏入「NO」的世界：基本原理** 024

好用的「No」回話術 026

拖時間 027

清楚明瞭地說「No」 035

2 | **朋友之間** 046

測驗 **你們的友誼是均衡且互利的嗎？ 047**

誰才是朋友？ 048

友誼疲勞 054

邀約 065

人情往來：社交禮儀 074

鄰里之間 083

3 | 家人之間 092

 你是家族裡的那個濫好人嗎？ 093
父母及姻親的圈套 094
手足衝突 113
那些「其他親戚們」！ 123
不，親愛的 137

4 | 與子女之間：放下愧疚 151

 身為父母，你說「Yes」的程度有多嚴重？ 151
父母為何會說「Yes」 153
以「No」教養子女的益處 154
訓練場：學齡前 155
基本規則：如何對學齡兒童說「No」 165
耐心教導：青春期 176
教養是終生任務：成年子女 189

5 | 職場 198

 你是辦公室裡的濫好人嗎？ 199
高效率與超載 200
捍衛自己 210

身為老闆 220

工作與休閒 228

棘手的狀況 236

6 | **真正難搞的人** 248

測驗 **你有多容易受到強悍者的影響？ 249**

誆騙你買沒有價值的東西 251

把事情搞定：用你的方式 263

意想不到的挑戰 270

7 | **全新的心態** 278

找到你要的勇氣 278

對「No」這個字說「Yes」 279

「No」的信條 282

從容退出：你全新的心態 283

0 前言

　　我們當下的世界，是一個歌頌「Yes」的世界。這是一股潮流，無數的部落格、勵志書，甚至小說和電影的情節等，都在暗示我們：說「Yes」能夠開發生命中更多的可能性。這個觀點對於生性怯懦卻渴望冒險或改變的人們而言，特別有影響力——教導他們不要裹足不前，要勇敢說「Yes」。從那個角度來看，說「Yes」通常是一件好事。假使說出「Yes」能夠幫助你更接近自己的目標，那麼它並沒有錯，例如：終於報名那個一直想要參加、卻瞻前顧後未能參加的拳擊課，維持家人間的相安無事，或在公司裡有策略地提升自己的地位等。據稱，在職場上說「Yes」可以告訴別人你是一個具有團隊精神的人：既支持自己的團隊，也增加你在公司的價值。如果說「Yes」能在某些方面幫助你往前邁進，或讓你感覺良好，那麼那個「Yes」就絕對有必要。

　　但是問題來了：「好的」、「可以的」、「沒問題」——在事實或承諾的重大性尚未確認前，那些字眼就已經從你的嘴裡蹦出來了。你來不及瞭解其實你根本不想要，或沒有時間去完成你所承擔下來的任務。你既不想要替某個朋友或手足看顧小孩，也沒有時間在每次鄰居一開口時，就去幫忙遛她家那隻討厭的狗。你很疑惑怎麼總是接下了辦公室裡那份額外的工作，或替某個同事安排起她的退休派對。「為什麼這種事一次又一次地發生在我身上呢？」你捫心自問。既然你有疑惑，那麼也許就應該把它弄明白。

　　「不要！」這個你在兩歲時毫不猶豫就能重複脫口而出的詞，

在你現在的許多人際互動中，似乎成了一個有問題的字眼，即便不是完全說不出口，也很難真的說出口。現在，該是讓你自己重新適應「No」這個字的時候了，它能夠為你的生活帶來平靜，並能更良好地管理你的人際互動。將「No」放在你心靈的前方，如此你就同時有計畫與能力來面對它。有了「No」，你自己的福祉便有了優先權。

測驗　你是一個無可救藥的濫好人嗎？

那些對別人的要求總是回答「Yes」而非「No」的人，通常不瞭解他們的樂意或無私是自己進步和快樂的阻礙。這個測驗會幫助你更清楚地看見你個人「Yes／No」的困境。請注意：你會回答「是」或「喔，那就是我！」的問題有哪些。

1.你是否發現沒有足夠的時間運動、放鬆、睡飽，或完成已開始著手的事情？
2.你是否常常無法表達自己或開口提出要求？
3.你是否會說「Yes」，再對答應別人的要求感到懊悔？
4.當你拒絕別人時，是否有愧疚感？
5.你是否怨恨那個開口對你提出要求的人？
6.你是否有被愛或被喜歡的需要？
7.一旦答應幫忙後，你是否覺得受到愚弄或操控？
8.你的某些人際關係是否一面倒？你是否常常自問：「這個人可曾幫我做過任何事？」

9.別人是否把你當做一個可以隨意使喚的人？

10.你對於錯過歡聚場合或被排擠的恐懼，是否會影響你對聚會的邀約或計畫的回應？

11.每當發生問題時，你是否好像總是那個被推出來犧牲的人？

12.你是否希望被視為一個負責任且被信賴的人？

13.你是否有時會這麼想：「我已經不再覺得人生有什麼趣味了。」

14.你是否有時會覺得替別人做得太多、替自己做得太少？

15.你是否會用他人對你的看法來決定自我價值？

以上的測驗，如果你的答案「是」多於「否」，那麼你可能就是個太常說「Yes」的人——你患了一種取悅他人的「病」。

取悅他人是一種病：你會說「Yes」的原因

如果你是個經常為他人效勞、沒有時間給自己，且常常不知該如何是好的人，那就請你把自己放在「討好者」的類別裡。在你整個成年生活中，你很可能一直都是個濫好人，總是在為那些靠他人幫忙而活得風生水起的人效勞，你生命中的那些「接受者」也總是期待你的照顧。單單這一項，就可以把你放到取悅評量表的最高階。

或者你是個不願意表達自己所需的人，也因為不願表達，你便

15

打開了說「Yes」的大門。也可能你是個忙上癮的人：越忙就越開心，而越開心就越傾向於對別人說「Yes」。對很多過度投入的人而言，「Yes」就是他們被默認的位置，畢竟忙碌的人會把事情完成，而你生命中的那些人也都知道。很多忙碌的人手上都已經有做不完的事了，但仍會給自己找藉口：「多一件又何妨？」

或者你是個習於規避衝突和不愉快的人。對你而言，「Yes」是一條抗拒最少的路，也是一個避免破壞你與要求者之間關係的方式。

不斷的「Yes」源於缺乏將他人所求之事想清楚的能力。許多人將自己點頭答應時所花的那一毫秒，標記為「軟弱的一剎那」、「我那天很衰」、「我那時心情不好」、「我當時身體有點不舒服，警覺度降低」，以及一長串其他各種藉口。讓你無法說「No」的原因通常是以下這些問題：一個暗示性的判斷；一個說不出口、引發罪惡感的「應該」；你因害怕冒犯或令人失望而猶豫不決，你畏懼要求者的權力或他對你可能的掌控……。

還有那個危險的灰色地帶，裡面充滿了你對它們並沒有產生強烈感受或意見的東西。當你身處灰色地帶時，就會變得優柔寡斷、猶豫不決，一些出乎意料的要求就會讓你陷在泥淖裡掙扎。除非能停下腳步給自己足夠的時間分析狀況，否則你會繼續當個「沒問題先生」。

還有一個可能。你總是說「Yes」，或許是因為你喜歡「被需要」的感覺，而且已經養成了順從他人要求的習慣。你享受因為合作而被喜歡或被敬愛的感覺，同樣的，你也可能渴望獲得他人的贊同，藉此確認並強化你的自我價值。當別人跟你說「謝謝」時，你因他們的感激而茁壯成長。狀況極端時，你甚至對說「Yes」上了癮。

　　也許你太常說「好」，是因為你害怕錯過有趣或重要的事情。或許你擔心會被排擠、捨棄。你擔心如果你拒絕或不出現的話，人們會對你有負面的評斷。

　　能幫上他人的忙是一件好事，如果能適可而止的話。但自我犧牲可不然。濫好人會承受過度壓力、分身乏術、陷入不愉快的境地、被佔便宜，且會因為總是當個老好人而生自己的氣。盲目說「Yes」所帶來的傷害，對你造成的影響遠超過對於被你拒絕之人的影響。

　　無論男女，你之所以會變成取悅者，可能只是因為在成長過程中，你被教導要當個能夠照顧和關懷他人的人。說「Yes」，是你一直以來對所有事情的職責。但你可以改變那個情況。

說「No」，是一個可以學習的技巧

　　對某些人來說，說「No」可能是一個完全未知的領域──當你是個說「Yes」的大師時，也代表只能是個說「No」的學徒。對你而言，說「No」意味著要嘗試某種完全陌生的東西。你可把那個過程當作對未知世界的一個冒險，而且在旅途的終點有豐盛的獎品等著你：一個比較平靜快樂的生活，其中一切都由你主宰。

　　為了掌握說「No」的技巧，你也許得走出舒適圈。說「No」不會改變你的個性；相反的，它會幫你堅持自我，並且在你的承諾超過精力所能負荷的範圍，或到了榨乾你情緒儲備的臨界點時，能助你終結胸口那個空虛的感覺。練習一段時間後，「No」便會取代你當下根深蒂固說出「Yes」的習性，成為你的首要選擇。

　　「No」是一個全然消極的字眼，一個從幼年時起就根植於心

的觀念。當你年幼時，能夠毫無困難地大吼出：「不！」但慢慢地，「不」這個字鑽出你的身體跑掉了。在你還是個娃娃時，若對分享玩具這件事說：「不要！」就會被禁足在房間裡，玩具被沒收。當你逐漸長大後，如果拒絕服從父母的規定或指示，你就會失去特權。那些早年的經驗已把你對「No」這個字的使用，轉化成了具體的恐懼。

毋庸置疑，你將那個恐懼帶進了成年生活裡。想要開始見識「No」的真正力量──以保護你的時間、平衡你的人際關係、防衛你的健康、創造正向的改變等──需要時間。在你能夠完全擁抱「No」之前，你必須先瞭解為何它會那麼重要。

你也許是這樣的人：總是到了需要被催促、無路可退或不堪負荷時，才會想到說「No」。不斷說「Yes」會讓你陷入不健康的困境，永遠的「Yes」不但耗費你的精力，甚至會戕害身心靈。壓力與挫折會在不知不覺中累積，而過度的壓力會影響一個人的睡眠和性情，最後導致抑鬱。太常承受壓力也會造成胃痛、頭痛等問題，並養成不良習慣，如：有些人為了對付壓力，就開始暴飲暴食或抽菸喝酒等。總之，只有學會常常說「No」，你才能有效控制自己的壓力程度，避免可能發生的健康問題。

轉換對自己、自己的生活，甚至自己的夢想的想法，將會改變你如何回應他人要求的方式。花一些時間思考你自己想要什麼，以及你對他人的所有付出，如此或許就可稍微阻止你，或至少放緩你的腳步。設定明確的目標後，你就比較能夠避免那些會妨礙或阻斷人生之路的討厭干擾，將比較不會遵從他人的意志，也不會每次在受到召喚時，就慷慨地付出支持。

把「No」視作你的助理，你的啦啦隊長，及你發揮自我潛力

的工具。說「No」會改善你的心境，幫助你堅持自己的道路，並讓你覺得自己擁有人生目的。

改變思維

花一點時間想想你生命中那些對他人的要求說「No」時幾乎毫不猶豫的人，請注意他們如何捍衛自己的時間，且恰當地設下自己絕少更改的界線，並以他們其中一位作為你的榜樣。

說「Yes」不會讓你變成一個比較好的人，說「No」也不表示你對他人比較不關心。即便不答應他人對你的所有請求，你仍然可以是個仁慈且具有同理心的人。不必在意那些對著你的良心絮絮叨叨、耗盡你的精力、吞沒你一整天寶貴時間的「應該」。

當你不能在指定的時間內獲得成果，或完成你已進行好幾個月、甚至好幾年的目標時，那種挫折感是很龐大的。一不小心受到外務延宕，你的許多小時、許多天可能就不見了。瞭解你自己的需要並把它們放到最前線，如此你就不會去做那些讓你覺得很苦惱，或對你不利的事情。

在你堅持自己的權利或表達自己的優先權之前，你必須先知道自己要什麼。把自己個人的或與工作相關的目標弄清楚，那對達成目標而言非常重要。也許你想要學習或精進某一種樂器、某一種外語的技巧。你的目標也許很簡單：只是想要有充分的睡眠，或不想花太多時間替你婆婆跑腿，去做那些她自己完全能做的事情。也許你只是想要在休閒時做做園藝或縫紉，參加一個讀書會或多看幾部電影等，但你似乎永遠都抽不時間去完成那些心願。

不要再給出太多承諾了。給你自己多一點的時間，並將那些讓

你日以繼夜操勞的苦工排除吧。對別人說「我自己優先」，是絕對沒問題的事。當你的思維改變，並有了目標導向的方向後，你就比較能夠忠於自己的日程表，也會開始覺得生命比較令人滿意且有意義。闡明自己想要的目標不但會自動升高你的邊界，也會助你固守自己的優先權。

設定界線

　　為了防止他人僭越你的邊界，你要為自己的目標做計畫，並保留固定的時段——例如孩子午睡時、下班回家後或晚餐後的一個小時等。當別人對你提出要求時，你知道你不想要放棄自己所省下來的時間，但那並不表示你絕不會放棄預留的時間。

　　請列出一張清單（每日、每週、每月，或更長的時段），然後在你答應任何請求之前，養成先檢視它的習慣。把那張清單放在你容易看見的地方，以便提示自己：貼在桌上、放在皮夾裡，或在某個隨時能助你檢視之處；能夠把它記在心裡更好。如此，你就不會輕易答應他人之請求，而移除自己清單上的待做項目。

　　同樣有效的方式：思考那些你不想要繼續做的事，把它們記下來提醒自己。

　　需要強化決心嗎？將一張上面寫有一個大大的「No」字的標籤，貼在你的電腦或書桌上，或靠近你經常使用的電話旁、廚房裡——總之，將它貼在你最經常或最容易被要求幫忙的地方。

　　想想每一個可能會讓你排除自己既定計畫的請求。在回應他人之前，請先回答以下的問題，它們會強化你的新態度，並幫你更明確地設定自己的邊界：

- 我有那個時間嗎？
- 為了幫這個忙，我得放棄什麼？
- 為了完成那件事，我會感受到壓力嗎？
- 說「Yes」之後，我會生自己的氣嗎？
- 我會怨恨那個提出要求的人嗎？
- 我會覺得上當、受迫或被操控嗎？
- 我為什麼會答應？我的收穫是什麼？

發揮「No」的效能

你越能心安理得地說「No」，你就越能創造機會去享受一個較平穩、充實的人生。

為了擴大「No」的力量，你必須瞭解何時可以說「Yes」、何時應該堅持拒絕、何時須巧妙談判等。你將學會如何善用「No」這個答案——換言之，在拒絕請求的同時，又不會造成他人太多的不滿。你將學會說「No」，並能夠繼續與朋友、家人、同事甚至老闆等，維持友善的關係。你也會擁有技巧及預備好的回應，來處理某些外來的騷擾或特別頑強的人。

即使在給自己承諾後，你也可能在某些方面比其他部分更需要堅定的界線。也許你能輕易地拒絕自己的配偶，但對自己的孩子說「No」卻是另外一回事。請確認你的哪些界線很堅定，哪些界線有待加強。

你可能需要對朋友建立說「No」的能力，在讀了本書第二章〈朋友之間〉後，你將能正面迎接他們。如果你的家人將你拖入了

無法想像的雜務深淵，那麼你就需要細讀第三章：〈家人之間〉。如果你跟孩子的碰撞與衝突需要你大聲說「No」的話，在第四章〈與子女之間：放下愧疚〉裡，你將會找到身為父母應該掌握的拒絕技巧。假如你最不擅長說「No」的地方是工作場所，請瀏覽第五章〈職場〉，你將會學到如何應付老闆、同事或客戶的一些有效台詞。對於那些希望你說「Yes」或引你入局的推銷員、騙子和好事者等，請鑽研第六章〈真正難搞的人〉，你便能擁有說「No」的方法與能力。

本書的每一章都提供了許多日常生活中阻撓我們生活步調的各種情境、問題和索求等。每一個情境都分成三部分來進行詳細的討論：**發生了什麼事、回應和注意。**

- **發生了什麼事**：當有人對你提出要求時，這部分會給你警示其背後可能的動機，提供一些可能影響你如何回應的狀況細節，並且幫你分析他人所提的要求，以及你為何很難開口說「No」的原因。有了這方面的認知，你就能建立防禦的能力，同時架構出徹底改變的堅強基礎。

- **回應**：這部分會幫你擺脫糾纏，建議你拒絕承諾時可用的語言，使你不顯得冷漠或無禮。當你找不到適當的用字時，本部分所提供的台詞可以讓你有信心地說「No」，同時也會幫你評估狀況，讓你控制回答時的衝動。

- **注意**：這一部分提供你基本原理和有用的建言，所以當你下次再遇到類似的束縛時，就會在把自己鎖死之前三思。本部分也會披露要求者的思維、為何他們在迫使你為他們服務時會用那樣的行為，以及你為何在某些狀況中會有那

樣的反應等。對這方面的認知將會啟發你說「No」的勇氣，讓你不會總是沉浸在已經做下決定的惱怒裡。

　　某些說「No」的方法可能顯得有點尖銳，但它們都是生活中的現實。它們都是我們不想接受的與自己及他人相關的事實，更是我們有時很難承認的人性真面目。一開始最重要的認知就是：別人不會像你所擔心的那樣想你。一旦你說「No」，他們便會立刻去找另一個會幫他們完成所求的人。

　　藉由說「No」，你表達你的意見、維護自己的權益，並成為自己生命中唯一的主宰。你可以先試著在小事情上練習婉拒的技巧，在說出第一個「No」之後，接下來的拒絕就會容易多了。簡短地表達你的拒絕，即已足夠。太長的解釋反而給爭執和誤解製造空間，也可能會默許對方再次提出要求。

1 踏入「No」的世界：基本原理

決然地說「No」並不表示你是個有侵略性、討人厭、自私自利或有掌控欲的人；它表示你懂得保護自己。說「No」的另一個選擇——當你忍不住說「Yes」時——常常讓你覺得上當、受挫、付出一切卻少有回報，或覺得透不過氣、過度工作、承擔過多、疲憊不堪等。

雖然控訴別人的要求太多比較容易，但是你自己可能也有過錯：你的自我期許太高了。請演練一下你所擁有的選項。在「No」的世界裡，減少他人對你的要求，可以預防淹沒在自己所造成的過度負荷裡。說「No」是為了練習自我防衛，而自我防衛並不是自私自利。

你不可能對所有的要求說「No」，你也不想那麼做，但是你可以找個中間立場。你不需要當一個面面俱到的老好人，以便獲得他人的敬愛、尊重或欣賞。說「No」不僅是一種解放——更是你的權力。

以下六個基本步驟會幫你鍛鍊拒絕別人的能力。一旦開始運用它們，你就會開始對說「No」感到心安理得。

1. **把優先順序弄清楚**：第一個能夠指揮你、又不讓你覺得有負擔或焦慮的人是誰？子女？朋友？父母？伴侶？老闆？

2. **注意你如何分配自己的時間**：假如你大多數的時間都只是用來幫助某個朋友的話，那麼你何時有空跟其他的朋友碰面？如果你的

家人或工作的要求很高的話，你哪來的時間享受自己的生活？只有當你的時間管理得當，才能為自己覺得重要的事情保留一些時間。

3. **辨認自己何時說「Yes」、多常說「Yes」**：把自己在一個星期中所說的「Yes」全部記錄下來。如果你擁有濫好人的體質，那麼你可能會被自己說「Yes」的次數嚇到。可接受的次數因人而異，對你來說，一次的要求可能就會使你陷入混亂中；對某些人而言，也許四或五次才會讓他們抓狂。真正的評量標準是你自己覺得壓力有多大、時間有多緊迫，或有多不開心。任何負面的反應——「我幹嘛答應？」「我當時在想什麼！」「我在做什麼啊？」「我寧願當時不在現場！」等——都是真正的測量標準。

4. **別再承攬一切**：身為貼心的伴侶、無所不能的爹娘、成功的商業人士等所承攬的任務，會讓一個人心力交瘁。當你無法竭盡全力為所有人承擔所需的一切時，你可能會因為覺得內疚而更加負責並勤懇地給予補償。

5. **接受自己的侷限**：每個人都有一定的精力和情緒能量。你能夠容忍他人的問題到什麼程度而不覺得筋疲力盡？如果你總是付出的那一方，這種不平衡的關係你能忍受多久？請決定你願意跟他人有多親近，以及哪類要求會讓你覺得不舒服或緊張？你的精力會在何時消耗殆盡？哪種要求會讓你覺得太費勁，或完全超出你的能力範圍？為了保持健康，我們的身心都需要休息才能復原；但你如果不能認知自己的侷限，就不可能擁有健康。

6. **將主導權交給他人以減少自己的職責**：捨棄自己「主導一切」或凡事要照自己意思進行的需要，減輕你加諸在自己身上的壓力，並排除沒有必要的承攬。假如你是個完美主義者，當你不信賴他

人負責或完成事情的能力時，你最後就會同意並承攬比自己所該分擔的更多的事情。

好用的「No」回話術

駕馭「No」這個字能增進你的能量。迴避要求時，切勿透過謊言的掩飾或用彆腳的藉口鋪陳。謊言和藉口只會造成反效果，因為極有可能你會為自己的捏造感到愧疚，而愧疚感正是你最想要避免的心理負擔。請參考下列回應，作為你說「No」時的文字武器庫：

- 我不大喜歡……
- 那件事讓我覺得不舒服……
- 我不是合適的人……
- 很可惜、很不好意思、很不巧，我無法……
- 我希望能幫忙，但是……
- 我真希望能為你效勞……下次有機會一定……
- 也許下次吧。
- 謝謝你找我，但我目前的工作負荷太多了。
- 我需要考慮一下。

在你鍛鍊「不」字肌時，「拖時間」和「何時將 No 表達得清楚明白」是你必須謹記的基本竅門，它們會幫你輕易拒絕後面章節裡將詳細討論的那些特定人士。

拖時間

在你給出一個響亮的「Yes」或直白的「No」之前,有些請求你可能需要時間思考,這就是「灰色地帶」。所以請保持警醒,對那類請求不要直接了當,也不要太快表態。你要先消化那些請求的本質,並思考你所下的決定是否會帶來什麼後果。這時,拖延戰術可以在你確定前,幫你擺脫責任。

當你對「No」閃爍其詞時,你便拖延了時間,而那不但會讓你的「不」字說得更加爽口,也會讓你對無法滿足那個人的請求感到理直氣壯。一段時間後,你可能就會瞭解:你或許是不想參與其中,或不想給出任何意見,也許那些人根本就不是你會願意幫忙或給予任何回應的人——而這些理解,在你剛聽到請求時可能一時沒想到。就算不是為了這個原因,慢慢把事情想清楚,也會讓對方明白你是有所保留的,而單單這個態度就足以避開未來的騷擾了。不直接了當、不立即表態,也是給請求者的一種警告。

- 001 -

「嗨,你可以幫我一個忙嗎?
這件事快把我逼瘋了。」

- **發生了什麼事**:你的休息時間到了,但是壓力很大的同事需要你幫他完成手上的工作。你想當一個討人喜歡的好同事,但不想在休息時間工作。
- **回應**:「休息時間結束前我還需完成幾件事,請給我至少半小時的時間。」

● **注意**：拖延時間對那些要求你立即伸出援手的情況很有效。
你毋須屈從他人的時間表。

- 002 -
「我們找個機會一起吃午餐或晚餐吧！
時間由你訂。」

● **發生了什麼事**：某個泛泛之交一直想要找你一起吃飯，你並
沒有像他那麼熱衷，但是他很堅持，而且給你一整年的時間
隨便你選。如果你心不甘情不願地訂下了一個約會，那麼將
會花更多的時間想辦法爽約。
● **回應**：「我真的很忙，不確定接下來一兩個月會不會有空。
我再跟你聯絡。」
● **注意**：你自己如何定義這段關係，才是決定性的因素。如果
那是個你沒什麼好感的人，那麼請提醒自己：生命裡還有許
多你沒有時間與之相處的好朋友。假如你一而再、再而三地
拖延某人的請求，他遲早就會明白——你對他沒有興趣。

- 003 -
「凱瑟琳和巴爾特要結婚了。
你的房子比我們的大，所以我們在你家給他們辦個派對吧！」

● **發生了什麼事**：因一時興奮，你差一點就要答應了。你的好
朋友終於要結婚了，這真的很棒，大家應該為他們辦個派
對。像這樣開心的場合，舉辦一個慶祝狂歡聚會聽起來似乎

是一個不錯的主意——至少一開始的時候。

● **回應**：「再說吧。」

● **注意**：在那激動的一刻，你也許會覺得一手包辦所有的細節不成問題，最後你也可能真的辦了派對，但如果先花點時間把事情想清楚，你可能不會樂意承擔超過你所想要的部分。

- 004 -
「我可以去學小提琴嗎？」

● **發生了什麼事**：在現今的社會裡，小孩跟大人一樣，行程也都排得太滿。游泳課與合唱團外，再加上音樂課對孩子來說可能就太多了。每個孩子每季兩個課外活動就已經足夠。

● **回應**：「游泳季過後，我們再討論那件事吧。」

● **注意**：替孩子安排活動時，父母必須要有反潮流的思維，以免孩子負荷過重，如此才能給他們自由玩耍和探索的時間——那是孩子最棒的學習方式。

- 005 -
「你們打前九洞時，我可以打第四桿嗎？」

● **發生了什麼事**：這個提出要求的人如果在高爾夫球場外，是一個還算不錯的人，但一到了球場上，就是個大家都知道的騙子。那些想在高爾夫球場上這裡討一桿、那裡討一桿的人，真叫人吐血。難道打高爾夫球不是為了放輕鬆，跟朋友好好享受一下運動的樂趣嗎？當你告訴那個想討便宜的傢伙

你們不歡迎他時，請記住這一點。

● **回應：**「泰德是我們的第四桿，我們通常一起打。」或者「我們正在等泰德（如果是真的的話）。」

● **注意：**因一時的軟弱或愧疚而讓一個騙子加入的話，可能會破壞了所有人的樂趣。這時，爭取時間是個方便的藉口──當你們在「等泰德」時，那個討厭的傢伙就會去找另外的團體了。假如你預見同樣的事會一再發生，那麼就提前把比賽安排好。

- 006 -

「自從你爸過世後，我一直覺得很寂寞。」
你媽媽說：「我可以搬來跟你們住一段時間嗎？」

● **發生了什麼事：**你跟你的配偶一直在討論要如何幫你母親安排最好的居住條件，但她的要求令你措手不及。雖然你跟她一向不合，但你覺得對她有責任。媽媽的年紀越來越大，你很擔心該怎麼做才能幫助她，尤其是住在同一屋簷下的話。有鑑於過去的記錄，可能只是「一段時間」嗎？

● **回應：**「我們先談談不同的選項，以確保最後的決定大家都開心。」

● **注意：**照顧者崩潰（caregiver burnout）──也就是照顧者在肉體上、精神上及情緒上的枯竭──是一個值得重視的問題。如果你的父母搬來與你同住的話，你的家庭生活可能產生什麼樣的巨變？你能夠確保自己會有獨處的時間嗎？因為內疚或害怕而同意，之後可能會導致相當大的壓力和摩擦。

- 007 -

你的朋友將你加入一個簡訊討論群組裡，
並提議來個萬聖節酒吧派對！
他補充道：「如果我們五個先全部預付三十美元，
那我們就可以獲得啤酒的團體優惠價。」

● **發生了什麼事**：你的好友不久前提出這個點子，但你並不想參與這種事。老實說，三十美元對你來說有點貴，因為你不喝啤酒。他只是想要你幫忙湊人數拿到團體優惠價，而你也能預見這個點子傳開後，同意的人會越來越多。

● **回應**：「我不知道我是否會參加，我會考慮的。」

● **注意**：速度很快的群組簡訊，通常會給你必須立即行動的壓力。拖延一下時間，也許他們就會去邀請他人來取代你。即便你最後還是跟他們去了，你也可以點你自己喜歡的飲料。

- 008 -

「山姆暴跳如雷地走了。我現在需要妳。」

● **發生了什麼事**：妳的朋友信賴妳理智的建言，將妳視作一個能夠幫她分析分手原因並讓她覺得好過的人。她聽不見妳跟她說妳正在替公婆做第一頓晚餐，或醫生警告妳不能再開車，因為妳已經懷孕九個月、幾乎無法從椅子上站起來了。妳的陪伴也許會在當下安撫她，但是妳一離開，她真正的痛苦就會再度出現了。從妳對她以前多次分手經驗的情形來判斷，妳知道停止手上的工作、馬上衝過去安慰她，並不會減

輕她的苦惱。

- **回應**：「我現在無法立即過去，但我等一下會給妳打電話，看看妳情況如何。」聲音要充滿同情。
- **注意**：沒有人能夠（即便朋友也不能）減輕他人正在鬧分手的痛苦，她自己會慢慢走出來。對於那些特別頑固或有控制欲的人，你只要簡單地重複你的「No」，直到他們聽見為止。

- 009 -

「媽咪，我參加了滑雪隊。

我們得在週五前去買新的雪橇，教練會幫我們準備頭盔。」

- **發生了什麼事**：妳的孩子已經有了很好的雪橇和滑雪靴，但他說雪橇太短了，且不適合他速滑時的需要。妳腦袋裡計算機上的數字因各種花費而不斷累進。而且，妳的孩子也曾有對事情只維持三分鐘熱度的不良記錄。
- **回應**：「一開始先用你現有的裝備（或者我們可以租你所需要的那種），之後我們再看看要添購什麼新的東西。」
- **注意**：在你重金投資孩子的新運動或新嗜好之前，先確定他會堅持到底。給他設下幾個月的試用期，當妳滿意他的投入時，再帶他去血拼吧。

- 010 -

「我們下個月的最後一個週末要去航海。
大家需要你來一起組隊。」

● **發生了什麼事**：你喜歡航海，也喜歡你的航海夥伴們，但那
個邀請讓你陷入了時間衝突，因為同一個週末你已經有其他
計畫了。你不想被排除在外，但也想要完成你原來計畫好的
事。假如你立即回答「No」，他們打一通電話就能找到其
他人來取代你。

● **回應**：「我有幾個暫訂計畫，過兩天我再給你答覆。」

● **注意**：讓你的選擇保持開放，免得最後你到了海上，心裡卻
其實想要做別的事。

- 011 -

你在網路上收到一份慈善舞會的邀請，其中有一段說明：
「任何關心如何對抗乳癌的人都應該參加。」

● **發生了什麼事**：你相信那個邀請立意良善，但你現在沒有給
如此盛大的事件捐款的預算。你看到很多朋友都勾選了「參
加」，於是開始思考是否也應該做同樣的回覆。

● **回應**：勾選「可能參加」那個選項，並留言強調你的支持。

● **注意**：電子請柬很容易讓人在知道自己為了什麼事件而簽署
之前，就直接勾選了「Yes」。請記住：你永遠可以晚些時
候再做捐獻。

- 012 -

「我非要它不可。」

你十歲的孩子大聲宣稱：「你可以買給我當生日禮物。」

- **發生了什麼事**：不管是最新的遊戲或最流行的服飾，不用說，一定都是他所有的朋友都想要或已經擁有的。
- **回應**：「恐怕不行，但我會考慮一下。」
- **注意**：假如你給孩子各種他要求的玩意兒，那麼他對未來會有何期盼？他又要如何學習為自己想要的東西出力、奮鬥？一個當下著迷卻昂貴或非必須的「想要」——可能很快就會被其他東西取代——是一個劃下界線的好地方。

- 013 -

「你會來參加我們的婚禮嗎？」

- **發生了什麼事**：因為這個要求令人受寵若驚，伴娘或伴郎很容易在尚未深思熟慮前就當場應允。你跟新娘或新郎有多親近？你負擔得起再去參加另外一場婚禮嗎？
- **回應**：「我很榮幸你邀請我，但我得看看是否能喬出時間。」這麼回答能讓你擁有足夠的時間去反應有關承諾、金錢或決定是否要去參加婚禮等問題。
- **注意**：婉拒並不表示友誼關係的告終，它只是表示那個時間對你而言不方便而已。如果你在事情定案後才想要退出，那麼傷害只會更大。假如你能在承諾前先花一些時間思考的話，就比較能夠正確地判斷狀況，並提出一個沒有包袱的「No」。

清楚明瞭地說「No」

現在你有了能夠有效拖延時間的提示，但在許多情況中，一個明明白白的「No」才是最堅強、最直接的回應。假如你在過去一直都是那個最可能幫忙搶救狀況的人，那麼想當然爾他人將會再度找上門來。一個清清楚楚的「No」不僅保護了你的時間和精力，同時也培養了一個較對等的互惠關係。

有時你可能會覺得被困住了，好像沒有選擇餘地似的，但是記住：你永遠有選擇。很多人不瞭解的是，當你拒絕時，你的那個朋友或鄰居或姑媽或父母或推銷員，馬上就會轉移對象了；他（她）只是想要有人來滿足他們的需要，並不在乎前來救援的是誰。

接下來的衝突和進退兩難，會幫你辨識哪些是真正的需要，哪些是表面的需要。你會學到如何當個有用卻又不會介入太深的人。為了對抗從「好的，沒問題！」忽然轉變到明確的「不！」而產生的笨拙，你可以跟那個提出要求的人保證你很愛或很喜歡他，如果情況適合的話，讓對方知道你很珍重彼此之間的情誼。

-014-

「這個週末我可以借用你的車嗎？
既然你說你這個週末沒有計畫。」

● **發生了什麼事**：你的朋友可能急需一輛車，但他的借用是否會對你造成很大的不便？出借交通工具是一個很大的請求。如果你的朋友借了車後造成損壞，你要怎麼辦？如果沒有車的話，你的生活能夠應付嗎？如果你的朋友經常向你借車，

那麼在你答應出借前，請先考慮以下幾點：他歸還車子時是
否每次都會把油箱加滿？車子是否跟你借給他時一樣乾淨整
潔？是否有表達恰當的感謝？

- **回應**：「不。我的原則是絕對不會出借我的車。」或者「我
  無法出借我的車，我太依賴它了。」
- **注意**：「千萬別當借用者或出借者，因為借貸通常會讓人同
  時失去出借的東西和朋友。」（威廉‧莎士比亞）

- 015 -

你們在某家餐廳等最後一個人——那個每次都遲到的人。

你收到他的簡訊：

「抱歉，我會遲到。可以麻煩你幫我點餐嗎？」

- **發生了什麼事**：這個人不覺得自己的無禮有什麼大不了。更
  糟的是，他期待你幫他籌畫他的餐點。
- **回應**：「不，你到達時再自己點吧。我們要開始用餐，不等
  你了。」
- **注意**：慣性遲到是很沒有教養的行為，如果不給予挑戰，他
  只會繼續如此。用一個明明白白的「不」字告訴他，他的行
  為很不恰當，他必須學習尊重他人的時間。

- 016 -

你的父母驚呼：

「你不會是想要搬入那棟公寓吧？我們不會答應的。」

- **發生了什麼事**：許多父母對他們獨立、自給自足的成年子女很難放手。他們會對孩子的選擇吹毛求疵，排出各種毛病來：環境太危險、空間太狹小、衣櫃不夠多、太吵雜、太偏僻、離他們太遠等等。

- **回應**：「不，我已經決定了。我喜歡那裡。」

- **注意**：嘮叨的父母可能會讓你懷疑自己的選擇是否正確，切勿讓父母的評論破壞你的自信心。當你知道自己要做什麼時，就先做好決定，之後再告訴他們既成事實即可。

- 017 -
「妳的婚禮會設定 Instagram 主題標籤和 Snapchat 濾鏡嗎？」
一個朋友問。

- **發生了什麼事**：妳已經花了大筆錢聘請專業婚禮攝影師，當然不希望你的朋友和親屬用他們的手機給你拍模糊的照片，或在他們拍的照片上做愚蠢的特效。妳其實想要在婚禮上完全禁止觀禮者攜帶手機以保護隱私，但妳害怕如果這麼做的話，在親友眼中會變成一個「酷斯拉新娘」（bridezilla）。

- **回應**：「不，我們希望能擁有一個沒有手機干擾的婚禮，以維持一種親密感。婚禮過後，我們會將專業攝影師的作品上傳到網上。」

- **注意**：那可是妳的婚禮。既然妳不可能在結婚那天當手機警察，那麼讓賓客知道妳的願望是一種權力。

- 018 -

「謝謝妳做了晚餐，
我需要查看一下我的電子郵件。」

- **發生了什麼事**：妳已經說過，晚餐桌上使用手機──尤其是為了隨時查看工作──讓妳不悅。妳想要強調這件事，但又不想要在忙碌了一整天後以吵架告終。
- **回應**：「你至少可以在我們吃飯時把它丟開二十分鐘吧？這是我應得的尊重。」
- **注意**：除非溝通對妳和配偶來說是一件你死我活的大事，否則尊重彼此的時間和努力，是很重要的。

- 019 -

你的同事問：
「你可以幫我準備我在某個會議要做的演講嗎？
不會花很多時間。」

- **發生了什麼事**：你應該很清楚：在能夠幫得上忙前，你必須先瞭解那個工作、慈善活動或事件的背景，以及演講的主旨和觀眾的資訊等。而那要花很多時間。
- **回應**：「不，我對你的計畫案一無所知，而且現在也沒有時間學習相關知識。」
- **注意**：切勿答應幫忙做那些學習曲線過於陡峭或太花時間的事情，除非你有一個很強烈且具利益的理由。

- 020 -

「你可以再幫我寫一封信給我的房東嗎？
我不知道該怎麼寫，我都已經寫了好幾天了。」

- **發生了什麼事**：小心！裝無助可能每次都會讓你上鉤。你的第一個念頭是：「我怎麼可以讓這個人失望呢？」但是，也許你已經幫他寫了好幾封信了。他在利用你的智力，而你也吃他那一套。
- **回應**：「不，但你可以在信裡寫說……」用嘴巴提點他可以在信裡寫下的幾項基本要點。
- **注意**：當你讓他們自生自滅時，那些看起來一副無能的人，通常就會自己找到解決的辦法了。

- 021 -

「如果每個人負責一個房間的話，
我們很快就可以把整棟屋子打掃乾淨，弄得整潔有序了。
你，從廚房開始！」

- **發生了什麼事**：你跟幾個朋友或另一對夫妻合租了一間新的公寓或暑期度假屋。打掃是個體力活，每個人都要分攤工作，但其中一個人把自己當工頭：當每個人都在賣力刷洗時，他在旁邊咆哮指揮。那樣子實在太霸道。
- **回應**：「不。我覺得用我的方式分配工作不但更有效率，且較公平。讓我們試試看吧！」
- **注意**：掌控事情的人會期待你配合，你可對他們提出質疑。

說「不」要趁早，以免將來覺得心裡不舒服，也可幫你駕馭或避免以後可能發生的一些小衝突。

- 022 -

「你的網站架設得太漂亮了，完全就是我想要的風格。
幫我也做一個吧？」

- **發生了什麼事**：你上了無數個夜間課程才學會如何編碼。這個人既不明白那些課程有多昂貴，也不理解架設一個網站要花多少時間。
- **回應**：「我希望事情有你想得那麼簡單，但並非如此。」
- **注意**：當被要求的事情太困難或太耗費時間，一定要特別當心。

- 023 -

「你可以在我的夥伴們回來之前幫忙把書架整理一下嗎？
我每次整理東西時，看起來彷彿全是得運出去丟的垃圾。
但每次你整理完它們都好像煥然一新。」

- **發生了什麼事**：你的朋友奉承你以便利用你的長處。自從你學會繫鞋帶以來，就不曾聽過這麼大的讚美了。你的自負感讓你馬上想要答應，好讓這樣的讚美之詞源源不絕，但你看過他的書櫃——起碼要花你一、兩天的時間才整理得出來。在回應前，請駕馭住自己的驕傲。
- **回應**：「謝謝你的讚美。這可是個浩大的工程，但你一定做

得到。你太低估自己的能力了。」

● **注意**：對那些稱你是專家的人，請特別小心。奉承的話會讓你失去防守，使你立即做出正面的承諾。用讚美回應讚美，幫對方建立起自信心。

- **024** -

「你覺得我應該買那間公寓（或那輛車、那支股票）嗎？」

● **發生了什麼事**：你不想果斷的建議，尤其是對你不熟悉的領域。即使你可能覺得那個購買的主意不錯，但如果你建議錯誤的話——例如那輛車竟是一輛檸檬車或改裝車——那麼你們的關係最後可能會受到影響。

● **回應**：「我不知道。」或者「花的是你的錢，我不太方便給什麼主意。」

● **注意**：往後退一步，就可讓對方明白，你不願意在那些事情上給予建議。

- **025** -

「你可以教我怎麼使用我的『新』筆電嗎？」

● **發生了什麼事**：你覺得自己是個好人。你將你的老電腦或其他電子設備低價賣給一個朋友，而他覺得既然那是你曾擁有的東西，那你就應該為它的效能負責。有些乍看容易解決的要求，會在不知不覺中不成比例地升級成為耗費時間的任務：不停打電話詢問各種問題，包括消失的文件、網路連接

故障、電腦病毒等等。所有會出問題的事情最後可能都會如此,尤其如果你所面對的是通常需要大量手把手指導的人。

● **回應:**「不,我想你找一個更專業或技術比我精熟的人教你,你會學得更快。」

● **注意:**對於自己願意投資多少時間在他人的電腦知識上,你的態度要明確。

- 026 -
「你現在正要去買晚餐嗎?只是順便問一下。」

● **發生了什麼事:**你們雙方都知道:你是那個要多開十五分鐘繞道去買外帶晚餐的人,而你的伴侶則剛好會開車經過那家店。

● **回應:**「不,今天晚上你得去買晚餐。你想點什麼就點什麼,我都可以。」或是「就買我們平常買的。」

● **注意:**切莫低估你的伴侶處理平常由你承擔的事務的能力。假如你擔心他的選擇,就給他準備一張清單,並讚美他的選擇,不管他選了什麼。

- 027 -
「妳應該放棄那個荒謬的節食計畫。
這個龍蝦培根起司義大利麵美味極了,
吃一兩口不會怎麼樣的。」

● **發生了什麼事:**妳在健身房花了許多小時甩掉身上的肥肉,

並對那個成果感到非常驕傲。而這個人認為妳給自己規定的嚴格飲食控制，根本就是沒事找事做，一開始的疑惑最後也變成了火力全開的批評和嘮叨。

- **回應**：「要我碰那東西，想都別想。不過看起來蠻好吃的樣子。」

- **注意**：順從他人只會讓妳感覺很糟，也會鼓勵那個人對妳努力保持身材這件事繼續發出惡評。他不是應該支持你，而非破壞你的努力嗎？一個堅決的「不」，是讓自己持續往目標邁進的最佳方式。

- 028 -

「請幫我發簡訊給今晚要見面的人，
告訴他我生病了，晚上無法跟他碰面。」

- **發生了什麼事**：妳的朋友身體好得很，但不曉得什麼原因，她決定不去赴約。妳這輩子都不是個善於說謊的人。假如被人拆穿了，那隨之而來的羞愧會讓妳覺得不值得。

- **回應**：「不，我不能替妳說謊。」

- **注意**：切勿承攬他人的骯髒勾當。

- 029 -

「如果是男孩的話，『麥克斯』這個名字不錯。
『麥德林』則是一個美麗的女孩兒名——隨麥蒂姑媽命名。
妳覺得如何？」

- **發生了什麼事**：妳的父母或公婆想要跟妳討論一下孩子命名的事，他們想要知道妳是否有在考慮某些名字（而且，不用說，妳知道他們所暗示的名字）。妳很清楚妳家或婆家或雙方家庭都有給寶寶隨著某位親人命名的傳統，也知道妳的父母或公婆很希望妳能夠繼續那個傳統。
- **回應**：「不，可能不會取那些名字。」
- **注意**：如果妳覺得給寶寶命名是妳和妳配偶之間的事，不想旁人插手，那麼就提醒他們：妳不需要任何幫忙或建議；等孩子出生後，妳就會告知大家寶寶的名字了。

- 030 -
「你可以在喬治的葬禮上致辭嗎？」

- **發生了什麼事**：這個邀請讓你感到非常榮幸，但是在那種悲傷的場合，你懷疑自己是否有能力站在一大群人的面前講話。你想要接受那個邀情，但又不確定自己是否能夠頌揚喬治的生平。那麼，問題又來了，你要如何婉拒呢？
- **回應**：「不，我不覺得我是恰當的人選，我可能會太激動。」或者「你的邀請讓我很感動，但我恐怕得說不。」「我無法對著龐大的群眾說話。」「你問過朱安或艾利斯了嗎？他們應該是很棒的人選。」
- **注意**：如果聽到那樣的要求讓你緊張不安，那麼「不」是唯一讓你能在葬禮那天免於可能的焦慮的回答。

- 031 -

「我下個禮拜要出差。我知道你喜歡狗，
你可以幫我照顧賈斯柏一週嗎？」一個朋友問你。
「牠很乖。」你的朋友補充道。

- **發生了什麼事**：沒錯，你喜歡狗，但你卻害怕賈斯柏。牠體型高大、兇悍、而且會跟其他狗起衝突，你不確定你是否強悍到足以命令牠。你想像各種可能發生的狀況，而其中有些還不是太愉快。
- **回應**：「雖然我很想幫你的忙，但事實上我不認為我有能力照顧你的狗。讓我們一起想想看可以找誰來照顧牠。」
- **注意**：無論是什麼情況，將你的恐懼和擔心誠實以告，是一個婉拒他人請求時不容置喙的理由。

- 032 -

「我知道我叨擾你的次數太多。
但可以再幫我一次嗎？這回真的很重要。」

- **發生了什麼事**：這可能是某個親戚、朋友或同事提出的要求。你，身為一個好好先生，總是答應幫忙，但你已經決定適可而止，並且甘冒令對方失望或可能與對方起衝突的風險。
- **回應**：「不，這次不行。」
- **注意**：如果你的「不」引起對方負面的反應，可能表示你們的關係是繫於你的為人可親和樂意幫忙上，也可能暗示：別人重視你的付出，勝過重視你這個人。

2 朋友之間

　　朋友這個詞本身的定義，使得說「不」成為一件特別困難的事。在你決定是否要婉拒一個朋友的要求前，請先區別誰是真正的朋友，誰只是泛泛之交。

　　社交網絡影響了我們與絕大多數朋友溝通和連結的方式，每天都會交談的朋友，以及很久也不會見上一面的朋友，可能每天都會跟我們產生聯繫。你可以透過瀏覽某位朋友的社交媒體頁面更新、點看他的照片或發出一個訊息，而對他的個人或專業生涯有許多細緻的瞭解，也因此覺得跟他很親近。多年前失去聯繫的朋友也可能又重新恢復來往，不管是新朋友或老朋友，所謂友誼都需要隨時重新評估。

　　問問你自己：這是一個彼此之間有對等施與受關係的朋友，或者只是一個因為你個性好或好利用而佔你便宜的人？對雙方而言，友誼應該是互利且互相滿意的，假如你懷疑某個朋友是否真誠，以下是一點思考的依據：麻省理工學院的研究員發現（與其他最近幾年對友誼的研究結果雷同）：接受研究的對象中，大約有一半的人不被自己認為是朋友的人視為朋友。

　　重新評估友誼，並不表示你需要與某些人切斷關係，而是能幫你釐清想要跟他們在哪種層面上創造互動。有些人偶爾一起吃午餐或看球賽時，可以是很棒的夥伴，但要跟他們在同一個委員會裡合作或每日進行互動，則可能太多了。有時候，跟某個朋友暫停互動，是有必要的。一起參加活動可以深化兩人的友誼，但是，如果

你覺得那些活動只是耗費你的精力，並未振奮你的精神，那麼你要有所警覺。假如某個夢想去阿帕拉契山步道健行的朋友，試圖逼迫討厭戶外活動的你同行，那麼也許你應該稍微從那個友誼中撤退。不是每個朋友都必須與你很親近，或值得你全然的付出。同樣的，你也要淘汰那些經常讓你失望或扯後腿的友人。

　　請慎重地考慮經營一個重質不重量、由那些真正關心並支持你的人所組成的朋友圈。在你決定誰是泛泛之交、誰是真正的朋友時，請記住：科學研究指出，堅固的友誼能夠延長我們的壽命。對家人你無法選擇排除，但對朋友，你可以精挑細選。

測驗　**你們的友誼是均衡且互利的嗎？**

　　現在是你改變自己對某些友誼及其如何運作的觀點的時刻。請注意那些你會說「是」的問題：

1.某些朋友需要幫忙時，你是否總是那個他們會打電話求助的對象？

2.與某個朋友談話時，你是否總是那個傾聽的人，卻沒有機會也說說自己的問題？

3.你與某個朋友不管一起做什麼或談什麼，是否都是以他的願望或擔憂為出發點，而不是你的？

4.你是否知道你朋友的辦公室上個星期發生的事，多過他知道你在職場的一些情況？

5.你是否發現自己為了避免衝突或關係緊張而常常贊同朋友的話？

6.你的某些朋友是否會讓你覺得有罪惡感？是否有朋友曾經刻意讓你覺得內疚，而且不只一次？

7.你是否曾經一次又一次地優先為了某些朋友的需要，而取消與其他朋友原定的聚會？

8.你是否常常在離開與朋友聚會的場合時覺得精疲力竭，而非開心振奮？

9.你是否有時會畏懼與朋友的聚會，寧願去做別的事情？

10.是否你在朋友的臉書或 Instagram 上按讚的次數，遠超過他們所給你的？

11.在朋友要求你幫忙後，你是否會懷疑他們並不是因為欣賞你的才能，而是因為他們不想自己動手做？

12.為免傷害某些朋友的感情，你是否傾向於贊同他們的意見？

如果你回答了很多「是」，那就表示該友誼是單方面的。本章將提供各種方式作為你處理以下問題時的參考：如何面對友誼疲勞；如何與強迫你從事自己不喜歡的事情的朋友保持距離，以及重新評估你是否在向某個可能不屬於你好友圈的人尋求感情或贊同等等。

誰才是朋友？

你依賴你的朋友，你的朋友也依賴你——但也許是用跟你想像中很不同的方式（你對上面測驗所做的回答應該已經有所透露

了）。某個朋友可能扮演你的良知或密友，另一個朋友可能是你的啦啦隊長、守護者或最佳良伴。你好友圈裡的某個人可能會督促你往目標邁進，讓你獲得比你自己所以為的更多的成就。這些朋友都很珍貴，充滿正面能量，是你想要保留的朋友。

在這個友誼光譜的另一端，就是負面的友誼。負面友誼對我們的衝擊很大，許多數據顯示：壞朋友給我們帶來的健康問題，與每日抽十五根香菸或喝六杯含酒精飲料的結果差不多。也許你會想要採取極端的方法以斬斷一個具有負面影響的友誼，或不再與那些有所求時才會與你聯繫的人來往。

並不是每個人都必須是你永遠最好的朋友，或值得你全部的關懷。說「No」不會讓你變成一個恃強凌弱者，也不會把你變得不體貼或吹毛求疵。你不會從此不再幫助他人，只是會在如何回應及對誰回應這些事上，擁有較佳的判斷力。

當你想到什麼對你自己才是最好，並停止擔心他人的想法時，對朋友說「不」就會變得比較容易了。人們的記憶其實是驚人的短暫，只有你會擔心、放不下──再加上幾公斤多餘的罪惡感。現在，該是你為自己的良心擺脫負荷的時候了。

- 033 -

「嘿，兄弟！你不介意再次當個指定駕駛人吧？」
你的朋友用簡訊問你。
「你最好了！油錢算我的。」

● **發生了什麼事**：這是你連續第五次替那幫朋友當指定駕駛人了。一開始你並不介意，眾人皆知你不愛飲酒。但是，偶爾

你也想當那些放縱的人之一,而你的朋友想都沒想過要給你這個選擇。

- **回應**:「不,這次該輪到其他人了。」
- **注意**:不管多少補償性的油錢,都不能取代你應得的一個狂歡夜晚。要小心那些總是希望你遵從他們計畫的朋友。

- 034 -
「抱歉,好久沒連繫了!」
一個朋友寫了一封電子郵件給你。
「我回來了。今晚要不要一起晚餐?」

- **發生了什麼事**:你和薇薇安以前是閨蜜,但是,當她搬到東岸去之後,你們的聯繫就漸漸變少了。你害怕你們會完全失聯,並且很渴望有這個重拾情誼的機會——但今晚的通知實在太臨時了。
- **回應**:「週六可以嗎?」
- **注意**:當曾經很親近的朋友退出了妳每日往來的朋友圈時,他們可能會變得比較像是泛泛之交,並且可能造成你的困擾。你們對彼此仍像朋友一般,但在內心深處你知道,你們已經不是最好的朋友了。也許你會想要抓住這個機會重建你們曾有的情誼,但要小心:請避免改變你與其他朋友的既定計畫,或把自己的日程表弄得亂七八糟。

- 035 -
「睡了嗎？」
在你刷牙準備就寢前，前任男友傳來這樣一則訊息，
「我需要找人談一談。」

- **發生了什麼事**：你們兩個都同意繼續當朋友，而頭兩個月，
  健康的界線維持得還不錯。但是，你發現前男友陷入了舊習
  慣：每當需要幫忙時就向你求助，不管任何事，從工作上的
  抱怨到跟他父母的爭吵等。一開始，傳訊息比起親自面對
  面，似乎維持著一種較遠的距離，但現在你覺得那是一種打
  擾，就好像永遠擺脫不了他似的。
- **回應**：直接忽視。如果你願意的話，第二天早上再回應。
- **注意**：傳訊息就是二十一世紀的對話。來來回回中，人們比
  以往更容易有情緒上的負荷。假如你開始覺得某個朋友傳的
  訊息已經造成困擾，那麼，不予回應就是告訴對方他已經越
  線的最強烈暗示。

- 036 -
「我上個禮拜看的那戶漂亮公寓是我差不多負擔得起的。
我知道這個要求很過分，但是我現在經濟有點困窘。
妳可以跟我共同簽署貸款嗎？
妳知道我是一個可靠的人。」

- **發生了什麼事**：妳的朋友說對了，這個要求很過分。當朋友
  向妳要求小額借貸時，事情會變得很複雜：聯合簽署會拉低

妳的信用評級，或甚至讓妳承擔起百分之百的貸款責任——
如果妳朋友無法償還的話。

- **回應**：「我知道你有多想要這個夢想之屋，但我幫不上
  忙。」
- **注意**：這不是一個妳朋友很容易就可償還的一次性貸款。最
  糟糕的情況就是：最後妳可能陷入財務惡夢中，而且只能怪
  自己。

- 037 -
這是你們的第三次約會，才進行到一半，
對方想要自拍。
「你的用戶名是什麼？我可以標記你。」

- **發生了什麼事**：對方想要知道你只願意跟他當朋友，或者關
  係可以更進一步，於是用了這個狡猾的方式。但是把自拍傳
  上網，聽起來實在不是一個好主意。你都可以預見可能的評
  論了：「這是你的新女友？」「這個甜姐兒是誰？」「看來
  你終於把卡洛放下了？」
- **回應**：「我覺得我今天氣色不太好。我不介意拍張照片，但
  請別放到你的臉書上。」
- **注意**：社交媒體影響了約會的許多層面。對於將自己的約會
  照片上傳這件事，有些人的態度可能比起其他人要來得開放
  些，但你的不舒服也是站得住腳的。這時可以試著轉移話
  題，如果約會的對象不尊重你的要求，那就請轉移對象。

- 038 -

行程都已經計畫好了。

但是當妳們已經坐在車裡、也上了高速公路時，

妳的朋友才開口說：

「我們回程的路上可不可以順道去莎莉家一下？

一分鐘就好。」

- **發生了什麼事**：一旦妳上了賊船，妳的朋友便又習慣性地投起曲線球來。她覺得她可以額外加上幾個停靠站：鞋店、雜貨店、另外一個朋友的家、這裡那裡的，但她從來不會事先告訴妳，或問妳是否有時間、是否會反對，直到妳上了車。假如妳不說點什麼，妳知道妳們將全程處於一種一觸即發的不愉快狀態中。
- **回應**：「不，我必須在六點前到家。我們不能再做其他的事，不然我就會趕不上跟妹妹約好的晚餐聚會。」
- **注意**：當妳聽到「多一件事」這種花招時，要警醒，千萬別容許，免得破壞了自己的心情。妳不是妳朋友的汽車服務公司。

- 039 -

「我要到城裡待一星期，跟去年同樣的時間。

我可以住妳家嗎？」

- **發生了什麼事**：妳開始覺得，對所有拜訪妳所居住的城市的人而言，妳家好像變成了免費的民宿。妳喜歡在家招待客

人，但這個特殊的朋友，已經在連續六年後耗盡了妳對她所有的歡迎。除了身為世界級的敲詐者外，她會跟妳報告她每日生活的枝微末節，簡直無聊死了！一天兩天妳也許可以對付，但一星期可就太折磨人了。

- **回應：**「我很高興跟妳碰面，聊一聊近況，但我今年不方便招待妳到我家來住。」
- **注意：**拒絕白吃白喝的人，尤其是那些想在妳家住很久的人，不需要有罪惡感。而且，事實上，她很可能在意的不是不能去住妳家，而是要去找誰給她同樣熱情的款待。當一個朋友不再受到妳的歡迎後，妳有權直接把她排除在朋友圈之外。

友誼疲勞

　　友誼有不同程度的持續期間、深度及責任等，因為我們都會成長改變，所以友誼也會不斷地進化——或退化。有時一個值得信賴的朋友對你期許太多，或變得對你太依賴。也許某個朋友總是不斷向你請求建議，或相反地，給你太多建議。朋友也可能變得太好管閒事、太霸道、太難搞、太愛批評，或者展現各種討厭的行為，讓你覺得厭煩或有時甚至無法接受。

　　你想要幫他的忙，但是，當一份友誼朝著不平衡的方面發展時，你就必須有個立場。無論你是否瞭解某個朋友的動機，說「不」也許是你能自保的唯一方式。

　　「No」通常是維持你所珍重的友誼的一個途徑，而它應該要能

呈現有意義的友誼所擁有的核心要素：關心與愛護、支持與信賴、互相尊重與接受、尊重彼此隱私以及傾聽的能力等等。

- 040 -

「我可以跟妳借參加蘿拉派對時穿的那件羊毛衣嗎？」

- **發生了什麼事**：我們都被教導要分享，它與耐心和整潔一樣，都是至高無上的美德。如果妳過去經常出借物品，妳的朋友就會期待妳眼睛眨都不眨就將那件東西遞給她。假如妳說「好」，那麼妳就會眼睜睜地看著她穿著妳最喜愛的毛衣，擔心她腋下可能會留下的汗漬，或在某處沾上了汙點等。總之，妳不會太開心。
- **回應**：「我還沒決定今天要穿什麼。」妳也可以直接跟她說：「那件毛衣花了我一大筆錢，我不會將它借給別人，即便是妳也不行。」
- **注意**：要求借用妳心愛的東西，不是一個好朋友該做的事。分享妳所擁有的一切既不能測量妳對朋友的忠誠，更不是友誼的必要條件。

- 041 -

「前天晚上在保齡球館遇到你，真是太開心了。
我們兩個可以一起組個隊（讀書會、賽跑訓練小組等）。」

- **發生了什麼事**：跟這個朋友偶爾碰個面是一回事，但要跟他一起組織一個按表操課的聚會可就不那麼吸引人了，即使哪

天你說不定也想加入一個保齡球隊。這傢伙有不負責任的惡名，所以最後有可能你會是那個要打所有電話、做所有安排的人。

- **回應**：「這個主意太棒了！不過，我現在還不能給你承諾。也許過一兩個月我們再說吧。」
- **注意**：當你知道或意識到所謂「協定」指的可能是你必須全權負責時，就要趕快說「不」。

- 042 -
「你不覺得凱文和翠西亞的婚禮
（或新居裝潢、給孩子盛大辦第一次生日派對等）太奢華了嗎？」

- **發生了什麼事**：你一直受到這個碎嘴的朋友的騷擾。聽到這樣的問話，你腦袋應該立刻響起警鈴。像這樣重覆的問題，其主要目的就是要從你這裡挖出一些訊息，以便豐富她的八卦資源。你若天真地透露他們用了什麼花、拍了多少照片、新居裡添購了哪些家具或新地板花了多少錢等訊息，都可能被誇大或扭曲，並在最後傳回凱文和翠西亞的耳朵裡。
- **回應**：「我沒想過這種事。」
- **注意**：在這種情況下，裝傻最安全。

- 043 -
「要不要一起出去找點樂子？」
這是妳最近重新連絡上的某位高中同學
這週以來給妳的第三封訊息。

- **發生了什麼事**：自從她搬到市區後，妳似乎是她唯一熟悉的臉孔。妳跟她已經聚過好幾次了，而妳覺得她有點黏人。
- **回應**：用這個方式脫身：「今晚不行。」妳可以附上一個友善的表情符號，請她不要見怪。
- **注意**：妳要開始懷疑妳的朋友是否有結交其他朋友的問題，或者她是在把妳當拐杖使。或許妳該給她、也給自己一些空間，以便她能建立自己的友誼基地。

- 044 -

「你想做什麼？」你的朋友問。

他是那個提議一起出去玩的人，

但現在，你們兩人碰面了，卻不知道要做什麼。

- **發生了什麼事**：一如往常，他裝做很大方地問你的意見，但事實上他是想靠你來扛起那個策畫一個趣味活動的重責。前幾次你們要一起出去玩，結果你都是那個上網找尋活動項目、打電話訂飯店、發訊息問其他朋友想做什麼的人，而你這個朋友卻只顧著滑自己的手機。
- **回應**：「我不知道。要不你先想幾個點子，再由我來選。」
- **注意**：小心那些會不斷讓你負起全責的問話。假如這樣的模式持續存在、無法改善，那麼也許你應該開始堅持：在你們碰面之前，他要先有一些具體計畫。

- 045 -

「妳可以幫我整理櫥櫃嗎？
記得要把玻璃杯放在最下層，而碗盤要放在我拿得到的地方。」

- **發生了什麼事**：某個朋友剛搬進了新家，正在拆箱整理東西。妳經過時順道去打了一聲招呼，但是不過幾分鐘，她就給妳指派工作了。從一開始，她的要求就是有條件的。妳幫的那個朋友，是一個吹毛求疵的人，一旦妳前腳離開，她就會重新整理妳的安排了。
- **回應**：「不，這個妳最好自己來！只有妳知道妳要怎麼處理它們。」
- **注意**：不管你做什麼、怎麼做，吹毛求疵或完美主義型的朋友都會找出毛病來。

- 046 -

「我現在太激動了，沒有辦法回覆我妹妹她那些惡毒的訊息。
妳可以幫我回嗎？」

- **發生了什麼事**：妳的朋友跟她妹妹吵架。在激動的情緒下，她希望妳伸出援手。
- **回應**：「我不想介入。我想妳會知道該怎麼回。」
- **注意**：透過妳個人的一些淺見，妳將自己摻和到了妳朋友應該自己解決的問題裡。此外，她們姊妹說不定哪天又會和好，到時她妹妹可能會因為妳曾介入她們姊妹之間的鬧劇而怨恨妳。

- 047 -

「我為什麼這麼倒楣，生活弄得一團糟？」妳的一個密友哀嘆。
接著她告訴妳那週所有的倒楣事，
就如同她上星期所做的，還有下星期會做的。

* **發生了什麼事**：妳已經成了她哭泣時依偎的肩膀，而聽著她
  一遍又一遍的哭訴讓妳覺得很沮喪。
* **回應**：「今晚不說喪氣的話。我們要專注在正面的事情上，
  好好樂一樂。」
* **注意**：一個只會倒悲傷垃圾的有毒朋友，會讓傾聽的妳覺得
  心情很糟，也會潛在地破壞了妳對那個朋友原有的好感。我
  們都錯誤地以為，發洩會讓我們覺得好一點，就好像打開了
  一個壓力閥般，但那麼做頂多只是一時的緩解罷了。

- 048 -

「把頭髮染一染吧，那會讓妳看起來年輕些。
妳沒想過要那麼做嗎？」

* **發生了什麼事**：妳的朋友提供了一個妳無法苟同的見解。一
  旦染了頭髮，就得常常補染，而妳一點都不想浪費寶貴的時
  間去做那種事，而且妳並不討厭自己灰白的頭髮。但也不必
  因為她暗示妳看起來老氣，就用帶刺的話回應或露出惱怒；
  相反的，要溫柔。妳的朋友會接收到訊息，知道自己踩過了
  線。
* **回應**：「謝謝妳的建議，但我喜歡灰白色的頭髮，那讓我看

起來很像成功人士。」

● **注意**：當那個朋友明白妳並不欣賞她的美容祕訣時，可能就
會退一步了。

- 049 -

「我太興奮了，我們的孩子竟然要上同一所中學！
我覺得我們應該一起組織一個女子籃球隊，
就像我們以前念書時那樣。」
妳童年時的朋友說。

● **發生了什麼事**：妳已經給過她機會，但她總是讓妳覺得煩
躁。跟小時候不一樣，長大的妳們有著完全不同的觀點。妳
們已經變成很不一樣的人了：妳是自由派的信徒，她則是超
保守的人，而那只是妳們很不相同的地方之一。妳因為歷史
情誼而繼續跟她往來——她認識妳的父母、兄弟姊妹；妳們
有許多共同的經驗，上同一所小學和中學，同在一個贏得冠
軍的籃球隊裡。但是，那時是那時，現在是現在。

● **回應**：「這是個很棒的主意，但我怕我的時間無法配合。」

● **注意**：當你自問：「我為什麼要跟這個人見面？」你們的友
誼可能已經燃燒殆盡了。也許很困難，但是，放手吧。

- 050 -

「在頭髮長出來前，
我是不是應該在頭上套著一隻紙袋？」

- **發生了什麼事**：妳陷入了兩難──如果妳不喜歡妳朋友的新髮型卻說喜歡，妳朋友可能就會覺得妳做人不實在。為了安慰她因為那被剪到只剩下一吋的頭髮而藏不住的沮喪，妳的回答最好輕鬆些。
- **回應**：給她的自嘲一個欣賞的微笑，然後說：「不，妳不需要紙袋。」
- **注意**：談論外表是敏感的話題，因此面對誘導性的問題時，回答要謹慎。對一個對自己沒有自信或內心脆弱的人來說，妳的任何回答都很容易傷害到她。

- 051 -

「蓋博越來越可愛了！」
妳最好的朋友尖叫說，一邊在她的大腿上拋著妳那一歲大的兒子。
「妳一定要再給他添個弟弟或妹妹。」

- **發生了什麼事**：妳跟妳的配偶都覺得生一個孩子就好。但妳這個生了四個孩子的朋友對此很不以為然。每次妳們相聚，她就會提起這個話題。
- **回應**：「不，他會永遠都是個獨生子。」
- **注意**：過去曾受到汙名化的「一胎家庭」，如今在全世界的許多國家數目越來越多了。然而，跟他們抱持不同觀點的人仍然會給予壓力和批判。妳要不斷提醒自己，妳的決定對妳而言是最好的。如果看法跟妳不一樣的朋友的論點讓妳不高興，那麼就減少跟他們來往。

- 052 -

「妳真的應該加入這個社群媒體 app。」
妳的朋友在一起共進午餐時說。

- **發生了什麼事**：妳的朋友沉迷於社群媒體，最近她愛上了一個很流行的新 app。每次妳傳訊息問她過得如何時，她回答了幾句話後就會加上這麼一行：「太多了！妳自己進來看看。」妳一點都不想再下載另一個程式，但妳又害怕假如不屈服並加入那個社群大軍的話，可能會逐漸跟朋友失去聯繫。
- **回應**：「我覺得我大概找不出時間來使用它，我們可以用別的方式隨時保持連絡。」
- **注意**：說「不」其實沒有那麼難，但社群媒體無所不在的本質，使得對別人說「不」顯得比事實上更困難，但真正的友誼將比任何社群媒體更持久。

- 053 -

妳在自己的臉書上公開貼了一段文字讓所有追蹤者看，
而妳的朋友回覆了一個連結，
是與妳們最近一次交談主題有關的文章。
「讀讀這篇文。」她寫道。
那是一篇如何對抗焦慮的文章——
而妳以為她會為妳保守那個祕密。

- **發生了什麼事**：妳的朋友可能覺得自己真的是在幫助妳，但妳卻認為她應該有幫妳保護隱私的默契。

- **回應**：刪除那篇貼文，並親自跟她說：「謝謝妳這麼努力幫助我，但我跟妳說的話是我們之間的祕密。」
- **注意**：妳有權期待妳的朋友會保守妳的隱私。想想友誼應該擁有的力量；如果妳發現妳無法跟她分享妳的私事，那麼就什麼都別跟她說。

- 054 -

「告訴大家男朋友要搬去跟妳同居的事吧！跟我們說說細節。」
妳的朋友催促說。
「妳跟我說過的。」她當著一桌人的面提醒妳。

- **發生了什麼事**：妳告訴妳的閨密，在與男友一番親密的談話後，決定要住在一起。妳是一個重視隱私的人，不想要對聚會中的那一群女人提供妳與男友相處時的浪漫細節。
- **回應**：「是的，再過個幾週，他的房子租約到期後，就會搬來跟我住在一起，我真的很開心。這個話題到此為止吧。」
- **注意**：因為妳不小心對某個親密的朋友「洩漏消息」，並不表示妳就得跟所有認識的人分享私生活。轉移話題或對其他在座的人提出一個問題，就可以將談話的焦點從妳身上移開。

- 055 -

「跟那個傢伙分手吧，越快越好！」
妳的朋友嚴厲地建議妳甩掉現在的另一半。

- **發生了什麼事**：可能是妳的朋友看到了妳自己無法承認或不想承認的麻煩事，或者她真的相信妳的伴侶總是讓妳不開心，也可能是妳的朋友怨恨妳與情人相處的時間太多，留給她的時間太少。請小心評估，妳的朋友關心的是否只是她自己的利益（而不是妳的），或者，她是否只是在忌妒妳。
- **回應**：「謝謝妳這麼努力想要保護我。」
- **注意**：妳的朋友若企圖架空妳的愛情生活，就得重新思考妳跟她之間的友誼。當一個人不用親自做重大決定時，給他人建議或讓他人告訴你該怎麼做，都是很簡單的事。

- 056 -

某個你欣賞的朋友發表了一個你強烈不贊同的意見。
「難道我說的不對？」他問。

- **發生了什麼事**：你很少質疑這個朋友，覺得如果你不贊同他或與他爭論的話，他可能會批評你。支持他的言論比維護你自己的信念更重要，你希望他喜歡你，就如同你喜歡他。
- **回應**：「我對那一件事的看法其實與你有些不同。」
- **注意**：你若必須小心發言才能維持一個愉快的友誼或者獲得對方的贊同，那你每天就都會緊張兮兮的。假如你不同的信念在他眼裡不過是一些無聊的想法罷了，那麼也許你需要一個不同的朋友。

- 057 -

「我要再點一杯酒。你要不要也再來一杯？」
你的朋友大著舌頭說，一邊走向吧檯。

- **發生了什麼事**：你的好朋友喝多了，而這已經不是第一次。
  你覺得他需要解決飲酒過量的問題。
- **回應**：「不了，謝謝。而且我覺得你今晚也該到此為止了。」
- **注意**：不用說，再喝下去他就要醉倒了。但是，你若是個真
  正的朋友，就會鼓勵你的好友解決他酗酒的問題。一開始他
  也許會生你的氣，但最後他可能會感謝你，或至少會領會你
  的關心。

邀約

　　備受歡迎、被融入、被需要、被各方邀約淹沒——婚禮、產
前派對、酒吧聚會、成年禮、新居入厝、晚宴等——這些都能讓
人對自己有信心。但所有的邀約都出席，其實是不智的事。雖然
做個隨傳隨到又容易適應環境的人令人感佩，但若能策略性地說
「No」，你就可以避免因社交活動太多而疲於奔命。

　　我們都知道，要告訴某人你無法參加他兒子的畢業午宴，或她
母親的生日派對（對主人而言都是重要無比的聚會），從來不是一
件容易的事。對資深好好先生來說，同樣很難拒絕的還有邀請你去
看你不想看的電影、參加你不想參加的旅行，以及出席你可能沒有
心情出席的聚會等。下面是一些窘境，和你只想接受非去不可的邀

約時可以嘗試的回應方式。

- 058 -
「我們可以一起跨年嗎？」

- **發生了什麼事**：跨年夜給人一種緊急、被迫演出的感覺——即使你不喜歡這個節日，人們仍然覺得你應該開心、愉快。慶祝的壓力是很大的，而且可能會讓你對要跟誰一起慶祝或自己到底想不想慶祝，感到迷惘無措。
- **回應**：「不，我們今年要待在家裡。」或者「現在決定要怎麼過，似乎太早了。」
- **注意**：你不需跟任何人解釋你要如何慶祝某個節日。想要跟朋友見面的機會很多，一年到頭都有。

- 059 -
「我們正在舉行一年一度的賽馬會派對。
希望你能來。」

- **發生了什麼事**：賽馬對你來說一點吸引力都沒有，你寧願待在家裡整理衣櫃或讀一本書。然而，你以前每年都會去，而且你也擔心朋友對你的退出不知道會有什麼想法。畢竟，你的朋友是個很敏感的人，而你如果不去的話，他可能會覺得受到侮辱。你不能說你很忙，因為你知道何時會接到邀請；邀請函每年都會來——伴隨著那個讓你害怕的義務感。
- **回應**：「我很想跟大家聚一聚，但我真的不喜歡賽馬會。謝

謝你的邀請，今年我決定缺席了。」

- **注意**：小心那些自以為是或過度自信以致於將你逼入窘境的人，你有權力選擇自己較喜歡的事，並且執行它們。

- 060 -
「我已經替你報名聖誕節前那個週末的滑雪之旅，
我們一定會玩得很愉快。」

- **發生了什麼事**：很多人都會有一兩個這樣的朋友：你若給予空間，他（們）就會微觀管理「他人」的生活——也就是「你」的生活。微觀管理者擁有精湛的技能：他們會在你還不知道發生什麼事的狀況下，就巧妙地讓你同意其作為。當某個人管理你的生活，或企圖管理你的生活時，都會讓人覺得你好像是個人質或者他是你的主人似的。想要辨識你的朋友事事插手的模式，可能需要花一些時間，而且你若不阻止他，他就會持續不休。

- **回應**：「不，我知道你可能會覺得我是個不知好歹的人，但是我不想去，別把我算在內。」或者「那個週末我已經有其他安排了，麻煩你把我從名單上除去。」

- **注意**：操控他人生活的人不會預期得到「不」這樣的答案，即使你已經遵從某個朋友的意願很久了，你也可以藉此擺脫那個狀況。只要拒絕一兩次，他以後就不會在沒有你允許的情況下擅自替你做主了。

- 061 -

「我妹妹的婚禮定在下個月十號，那一天別做其他安排。」
你最近的約會對象提醒。

- **發生了什麼事**：妳想結束這段戀情，但每次妳決心想離開時，他就會安排驚喜的晚餐，或幫妳的公寓找一把完美的椅子。那樣的關係還頗溫馨，所以妳就隨緣地繼續著。但妳內心明白它遲早會結束，因為你們之間的激情已經消失了——至少在妳這邊。
- **回應**：「我試試看，但我無法保證一定能出席。我不確定我是不是想認識你的家人了。」
- **注意**：一起出席家族聚會，尤其是特別重要的那些，會讓妳更深地陷入一個關係，並給對方錯誤的訊息，使他懷抱與妳不同的期望。盡快切斷那樣的連結，以免將來造成更大傷害。

- 062 -

「妳帶沙拉過來，其他的我都會準備。」

- **發生了什麼事**：凱莉在妳下班後，打電話邀請妳參加她這週末在家舉行的晚餐小聚。妳累死了，一點都不想負責做沙拉——太花時間了。但是當妳疲勞時，妳的抵抗力就會降低，於是妳準備同意。這種時候請這麼想：我可以準備什麼比較簡便的東西呢？
- **回應**：「我不想做沙拉，我會帶酒過去。」
- **注意**：妳用妳願意的方式做貢獻，那樣當然可以。

- 063 -

「我們正在給傑克準備一個驚喜派對，
你要來嗎？」

- **發生了什麼事**：你跟傑克並不親近。也許你根本就不喜歡傑克。你可能覺得很震驚你竟然在受邀名單上，因為多年前你和傑克曾經大吵一架，早就不來往了。顯然聯絡你的這個人對此事一無所知。
- **回應**：直接明白地說：「不，謝謝，祝你們玩得愉快。」這麼回答可以讓你避免可能發生的尷尬情況。
- **注意**：不需要跟對方討論你與傑克失和的細節，打電話給你的那個人也許對此完全不感興趣。

- 064 -

「工藝展在星期五晚上開幕。展覽館離我公司很近，
下班後，我們在入口處碰面。」

- **發生了什麼事**：我們很難拒絕專橫的人；他們知道自己要什麼、什麼時候要，從來不會考慮是否會造成他人的不便。而且，不用驚訝，無論他們做什麼，幾乎都會先方便自己、而不是你。你也想要參觀，但你若同意星期五晚上去，那你就必須在下班的塞車時段開很遠的車，而那是沒有意義的事。
- **回應**：「星期五我不方便，我們星期六一大早去吧。」
- **注意**：為了減少生活的困難度，你可以提出另一個較適合你的選擇。知道自己要什麼並能對自己需求直言無諱的人，就

是能夠為自己的人生做最好安排的人。

- 065 -

「我們幫妳找到了一個完美的傢伙,來我們家晚餐吧!
我和朱德會讓介紹的場面輕鬆有趣,
保證不會有冷場。」

- **發生了什麼事**:妳都不記得自己相過幾次親了,但沒有一次能引起妳的興趣,尤其是法拉和朱德安排的。他們相信他們是在幫妳的忙,但妳已經很熟悉那種場合:另一個讓人尷尬、不安,恨不得趕快結束的夜晚。
- **回應**:「不,謝謝。你們太好了,總是為我擔心,但是我目前對相親這件事不感興趣。」
- **注意**:雖然好朋友關心妳,但那並不表示他們就瞭解妳對伴侶的要求。最後的結果可能是:妳的好朋友不會因為妳拒絕了他們介紹的人,就拋棄妳。他們會繼續幫妳物色。

- 066 -

「你會去參加提姆西·柯爾伯的葬禮嗎?」

- **發生了什麼事**:每個人都想做對的事情。問這個問題的人倒不一定是為了讓你心生愧疚,他也許只是想知道你的計畫,以便決定自己要怎麼做。
- **回應**:「不,我跟他不熟,也不認識他的家屬。」或者「我會在葬禮前去跟他的家屬致意,但不會去參加葬禮。」

● **注意**：你不必因為某人問你是否會去參加某個葬禮或覺得被
迫參加，就以為自己應該去。

- 067 -
「我們去安德烈歐陸餐廳吃晚餐吧。」

● **發生了什麼事**：安德烈是該地區最昂貴的餐廳，而你不想要
花那個錢──或實在花不起那個錢。面對現實吧：到時你一
口菜都無法享受，因為你滿腦袋裡只會想著餐點的價格。但
從另一方面來說，你一直是個隨和的人，你不想讓自己顯得
很虛偽。

● **回應**：「不，我們找一家便宜一點的餐廳吧。」

● **注意**：接受你花不起、你的朋友花得起的這個事實。我們無
法看透他人的心思，你可以不經由難堪的爭辯或討論就讓對
方明白你的反對，這麼做反而會讓別人比較瞭解，並且在做
選擇時懂得體諒你。

- 068 -
「你一定要辦超級盃派對，
你已經辦了很多年了──那是傳統！」

● **發生了什麼事**：好像整整十年了吧，一到球季你的朋友們就
聚在你家的電視機前尖叫、喝你的酒、吃你的食物，然後拍
拍屁股各自回家，留給你一大堆垃圾。你的熱情早就不復當
年了，但你還沒有想要讓他們失望。你已經對扮演一個快樂

的主人感到厭煩，真希望第四季可以趕快結束。

- **回應：**「不，我今年不辦超級盃派對了。」
- **注意：**當你知道怎麼做時，切勿讓歷史重演。鞠躬下台會讓某個強烈覺得那個傳統應該持續的人接手那個任務。

- 069 -
「妳不來參加野餐是什麼意思？
妳當然要來！」

- **發生了什麼事：**妳的朋友熱愛野餐，但如果她願意思考的話，她應該記得妳不喜歡。妳不能曬太陽、不喜歡三明治裡有沙子，或馬鈴薯沙拉裡有松針。然而，如果她覺得妳就是那種一般人認為保守無趣的人，怎麼辦？妳會待在冷氣房裡輕鬆地享受妳的美食，並利用時間處理那些妳一直沒有時間處理的事。
- **回應：**「不，我不在戶外用餐，妳知道的。」
- **注意：**對那些記不住妳的喜惡或不會為妳的舒適考量的朋友，也許妳應該重新評估與他們之間的友誼。切勿讓人脅迫妳到不想要去的地方——比如上面這個例子：一邊打蒼蠅、一邊趕蚊子還弄得一身癢，不值得。

- 070 -
你親愛的朋友法蘭克過世了。
你們共同認識的一個友人邀請你加入一個公開臉書社團。
「請分享你對法蘭克的懷念。」

- **發生了什麼事**：許多人立即對法蘭克寫下了充滿敬愛、甚至奉承的感言。而你，身為法蘭克最親近的朋友，卻未有任何分享，於是你開始覺得自己那樣是否有點奇怪。
- **回應**：給那個建立臉書社團的朋友一封私訊，告訴他：「感謝你為法蘭克做這件事，但我恐怕還沒準備好要公開分享。」
- **注意**：你若對在網上公開分享情懷感到不自在，那是完全正常的事。每個人哀悼的方式不一樣──有人喜歡公開的、有人喜歡私下的，你的朋友或其他人應該不會因為你沒有公開留言就批判你。

- 071 -

「咱們星期六去購物商場血拼吧！」

- **發生了什麼事**：妳很喜愛這個朋友，而且妳們有很多共同點，但是不包括購物的風格。妳知道自己要什麼，很快就看中目標並且出手。而她每件衣服都要摸一摸、試一試，然後掙扎著到底要買哪一件，最後通常一件都不會買。
- **回應**：告訴她實情：「我們兩個無法一起逛街購物；妳會把我逼瘋。」或者「我們兩個的購物策略完全不同，不如一起吃個午餐吧。」
- **注意**：跟一個買東西的速度與方式都跟妳無法搭配的人一起逛街購物，保證絕對是一個折磨的過程，妳當然要避之唯恐不及。

- 072 -

「我有兩張明晚在葛拉罕貝爾劇院首演的戲票。」

- **發生了什麼事**：話講得相當直接：你受邀去觀賞一齣戲劇。問題是你不喜歡那種戲劇，也不喜歡其沉重的劇情和男女主角。
- **回應**：「謝謝你的邀請，你太體貼了。但我真的比較喜歡音樂劇。也許阿里、賽斯或丹尼爾想去，他們欣賞黑色戲劇。」
- **注意**：你不必為了把朋友留在你的圈子，或想要留在他們的圈子，而強迫自己去喜歡他們喜歡的所有東西。

人情往來：社交禮儀

想要俐落說「不」的渴望，會在社交規範的壓力下迅速消失。做為一個好朋友的潛規則和期許，會引導你對自己不想要做但覺得必須做的那些事情說「Yes」，而且你最後之所以會同意，只不過是為了維持社交禮儀而已。

對於感知到的義務——尤其你若自傲於自身的禮貌及為人處世的「正確性」的話——擺出社交正確的態度，其實是很危險的事。因為當你婉拒一個邀約或對網上的訊息和要求不予以回應時，你可能就會覺得自己觸犯了社會禁忌。找到一些精確的方法將自己抽離，同時又能維持著身為朋友或熟人的禮貌和優雅，是保護自己最強而有力的方式。

- 073 -

「我們再過兩個禮拜要在車庫舉辦跳蚤拍賣會。

妳可以陪我一起準備嗎？」

- **發生了什麼事**：因為妳擅於組織和整理，朋友需要妳的幫忙和陪伴。她會要求妳提早幾天就過去幫忙：給欲出售的貨物分門別類、標價、做出表單，並告訴她該怎麼打廣告等等，還會被她徵召去張貼廣告單和做午餐。她的車庫跳蚤市場可能會耗費妳四天以上的時間。

- **回應**：「我星期五一整天可以幫妳籌備，但拍賣那天我無法到現場陪妳。」

- **注意**：對於如何提供自己的時間，妳要有識別力。可以盡自己所能幫那件事情順利推動，但要明確地跟對方說明妳所能提供的時間。

- 074 -

「你在推特上對我取消了關注。

你是認真的嗎？是不是弄錯了？」

某個熟人後來當面遇到你時尖銳地提問。

- **發生了什麼事**：你覺得那個人在推特上貼的訊息蠢透了，而且由於他的訊息量太大，你的帳號常常被塞得亂七八糟的。你知道你可能不是第一個對他取消關注的人，但卻沒聽過他控訴過其他人。你也很驚訝，他顯然經常仔細檢查關注他的名單，才會發現你的缺席。

- **回應**：「我並沒有針對你，請別放在心上。我只是在簡化我的帳號。」
- **注意**：某個朋友的推特不符合你的口味，實在是一件很不幸的事，但你不需要為他的感覺負責。你不需貶損他的推特帳號，但也不需重新關注。

- 075 -
妳在最近使用的一個約會網站上收到一則通知：
「要不要見個面？」

- **發生了什麼事**：妳在約會網站上瀏覽了幾個檔案，最後發現了一個還不錯的對象。妳已經看過他的照片了，而他的條件比妳想像的還要好。你們已經固定地聊過天，而現在，他想要面對面。沒錯，妳是給了一些暗示和誘導，希望他能夠採取主動，但是，他的一兩則對話敲響了妳心中的警鈴。
- **回應**：「不，我不覺得這是一個好主意。」或者，不要回應。如果他的堅持讓你感到困擾，那就封鎖他的訊息或檔案。
- **注意**：不用擔心妳會傷害到某個妳並不真正瞭解的人。失聯或告吹是再平常不過的事，隨時都在發生，別為那些假設的義務煩惱是否該採取下一步。傾聽妳內在的聲音，並保護妳自己的時間。轉到下一張照片吧。

- 076 -

「去試試那個坐在吧檯邊的金髮傢伙吧！

長得挺帥的，而且一直在看著妳——

一副熱情相邀的樣子。去跟他聊聊吧。」

- **發生了什麼事**：妳的朋友勸誘妳，用各種難聽的話激妳，說妳是懦夫、膽小鬼。她們對著妳說三道四，讓妳煩不勝煩。妳覺得妳是不是應該過去跟那個傢伙說說話，以便讓她們都閉嘴。
- **回應**：「如果想跟我說話的話，他知道我在哪裡。」
- **注意**：切勿讓他人迫使妳去做那些妳覺得不切實際、貶損自己或將來會自我厭棄的事。

- 077 -

「你有沒有收到我在募資平台的計畫網頁連結？？？」

某個朋友在你一上網就立即在臉書上發這個訊息。

「你一定會捐款吧？」

- **發生了什麼事**：你跟這個朋友並不特別熟，但是他用各種與他最近冒險事業有關的募資訊息轟炸你：電子郵件、貼文、訊息等。你對那個計畫案既不感興趣也沒熱情參與，但又不想被認為冷血或無禮。
- **回應**：「我現在沒有能力為你的計畫捐款，但祝你順利成功！」
- **注意**：你可能無法拒絕聽到有關某個朋友的計畫消息，但你

沒有義務給任何一項你並沒有信心的事業案捐款——尤其當你知道如果屈服的話，你會覺得困擾或挫敗時。

- 078 -

「我有個新工作的機會。

位階一樣，多一點錢，不過好歹是個改變。

那個新職位明顯有較多升遷的機會，

但是我又喜歡目前的一切。」

- **發生了什麼事**：聽起來好像是在問你一個問題，但其實不是。當你的朋友做出一個聲明時，切莫以為他是在向你尋求某種解決方案。等他明確提出求助的問題，比如「你覺得我應該怎麼做」時再說。
- **回應**：「跟我說說那份新工作的利弊？」
- **注意**：除非你的朋友直接提出問題，否則請勿給予任何建議。假如你「落入圈套」回答了人家根本沒問的問題，那麼你最後所提供的，可能只是他人不需要或不贊同的意見。

- 079 -

你在上班時收到一封電子郵件。

某個朋友在 LinkedIn 網頁上

對你的專業能力寫了段漂亮的讚語，

並邀請你繼續合作。

- **發生了什麼事**：不久前，你們兩個與另外一位朋友曾替某個計畫擔任諮詢顧問，並且合作愉快。你很驚訝他對你有這麼高的評價，想抽出時間寫些感謝，也害怕如果不馬上回應的話，你們的合作將會半途而廢。
- **回應**：先簡短地回：「謝謝你！」然後給自己寫一張小紙條，列出你可能會寫入回函的一些重點，並在晚些時候再抽出時間好好琢磨出一份漂亮的感謝函。
- **注意**：丟開手上所有的工作並立即回覆他的要求，可能有點太急迫了，尤其他對你那麼客氣。請忽略想要立即回應那份善意的壓力，如果給自己多一點時間好好思考怎麼回答，你的回信一定可以寫得更好。

- 080 -
「妳可以幫忙挑選星期六晚餐的餐廳嗎？」

- **發生了什麼事**：妳的朋友想要把晚餐地點的決定權交給妳。如果他們不會每次都挑剔妳所選的餐廳的菜色、服務、價格、氣氛或噪音程度的話，那也沒什麼不可以。雖然這對夫妻有很多讓妳喜歡的地方，但是與他們共進晚餐已經變得乏味無趣了。請準備好妳的回答。
- **回應**：「不，謝謝！還是妳選吧，妳知道大家喜歡什麼。」
- **注意**：對那些永遠無法取悅的朋友，就把決定權讓出去，如此妳就不用再聽他們抱怨了。

- 081 -

妳們兩個都看到服務生將帳單放在餐桌的正中央。
她完全沒有伸手去拿帳單的動作，
而妳也不想拿。

- **發生了什麼事**：妳自認是個慷慨的人，但每當妳與這個朋友一起吃飯時，妳總是不斷地卡在付帳這件事上。妳不想提醒朋友她欠妳多少次了，因為談錢讓妳覺得尷尬。妳也不想小題大作，但過去妳已經被迫付出遠超過妳所應該付的。如果這個情況繼續發生，妳會很不開心。
- **回應**：「我不喜歡談錢的事，但是我不能每次都請妳，我對自己的花費也得精打細算。今晚我會付帳，但我們必須說好：從現在開始，我們要分攤費用。」
- **注意**：妳的朋友從不帶現金或總是把信用卡刷爆，這些不是妳的問題。如果她對妳提出質疑，就明白地告訴她妳認為怎樣才公平。以後妳們再一起出去時，請提醒她，妳們說好了要一起分攤費用。她之前已經被告知過了，因此對妳的「不」字會有心理準備。

- 082 -

「嗨，朋友！」一則來自陌生號碼的簡訊這麼寫道：
「我很開心聽到妳對一起慢跑有興趣。
我通常在早上 5:30 開始。到時見了！」

- **發生了什麼事**：妳想起來在雜貨店遇到這個新認識的朋友時，給了妳的手機號碼。事實上，她是在關注妳時讀到妳順口提到想要開始慢跑的事。妳絕對不想在凌晨起床，然後去跟一個顯然比妳有運動細胞的人一起運動。但是現在，那則簡訊就出現在妳的手機裡。她花了時間邀請妳——只有同意並且試一試才有禮貌，不是嗎？

- **回應**：「不好意思，那個時間我真的不行。」或者「老實說，我有想過慢跑，但是我覺得另外一種鍛鍊方式比較適合我。」「謝謝妳的邀請，但這次我無法參加。」

- **注意**：請將那則簡訊視作一種友善的手勢，而非一種義務。假如她把妳的回應當作是一種拒絕，那麼或許妳最好跟她保持距離，下次碰巧遇見時維持親切的態度就好。

-083-
「如果我們這個週末去爵士音樂節，
下個週末你要去哪裡我都陪你去。就這樣說定了？」

- **發生了什麼事**：這是個誘惑，因為你完全知道下週末你想要做什麼。然而，根據以往的經驗，如果你跟這個傢伙有類似的協議，最後他卻無法履行承諾，那麼請三思。

- **回應**：「不行。」

- **注意**：對那些跟你交換時間的朋友要特別謹慎，並不是每個人都跟你一樣說話算話。

-084-

「下個星期我們出國時，我會把車借給我弟弟。
這個星期六妳可以把艾力克斯借給我幾小時嗎？
我需要他跟車到我弟弟家，然後載我回來。」

- **發生了什麼事**：朋友們經常要求妳的允許，將妳的配偶借給他們，不管是幫忙搬一張長椅、修理車庫門或找出漏水的地方等。妳老公很強壯、很好用又和善，但妳知道到她弟弟家大約是一個半小時的車程，來回至少就得花四或五個小時。
- **回應**：「星期六我真的需要艾力克斯在家。」妳可以加上一些事實：掛窗簾、帶狗去看獸醫、去給妳妹妹慶生時，他需要在家照顧小孩等。
- **注意**：當妳需要自己的老公時，就要自私地拒絕出借妳那個最佳幫手。

-085-

「我會在芝加哥待幾天，
所以我們會有很多時間好好聚一聚。」

- **發生了什麼事**：妳想跟妳的朋友見面，但是妳知道她會期待妳排除日常的一切來陪伴她。她的佔有欲很強，也很自我。當妳下班時，如果沒有把每一分鐘都奉獻給她，她就會跟妳打內疚牌：「喔，我還以為妳會很高興看到我。」
- **回應**：「我這個禮拜的行程真的很滿，沒辦法隨時都陪著妳，但我們還是會見面的。」

- **注意**：不要中斷妳忙碌的生活，或容許妳朋友在偶然拜訪時霸佔妳所有時間。在能夠安排的狀況下，再將她納入妳的計畫中。

- 086 -

「古德曼家昨天生了一個寶寶。
妳這禮拜的某一天能不能做一道菜送過去？」

- **發生了什麼事**：妳的教會或妳的朋友圈期待成員們能夠在他人生活中有重大事件發生時——嬰兒誕生、生病、死亡等——為那些家庭提供餐點。偶爾伸出援手讓妳覺得是個有能力回饋的人。妳想要為古德曼一家做飯，但是那一週妳沒有時間去採買食材、烹煮料理並送過去。
- **回應**：「這個禮拜不行，但下次請一定聯絡我。如果有時間的話，我真的很想幫忙。」
- **注意**：切勿承擔那些超越妳能力範圍的職責，否則所謂的「志願」就會變成討厭的例行工作。

鄰里之間

對多數人而言，鄰居是我們想要與之維持友善且客氣關係的人。親近的街坊鄰居之間很自然地會有基本的施與受，而這樣的關係也會讓某些喜歡佔人便宜的朋友或鄰居出現在你的周遭。忽然之間你會發現，自己為了當個好鄰居，竟然承擔起了許多煩人或耗時

的責任。

　　要維持鄰里之間的友善，是一件極具挑戰且微妙的事，然而倘若延宕了該說出口的拒絕，其險惡有如頭上罩著暴風雨。如果可能的話，一開始就堅決的拒絕某個要求，通常是比較好的選擇。而那樣做，也會讓每個人在有或沒有你的幫忙下，都能繼續把事情完成。

- 087 -
「妳必須加入我們這個鄰里的臉書社團，」
住在街尾的那名婦人懇求妳說。
「我們要組織起來，才能通知大家鄰居之間的消息。」

- **發生了什麼事**：妳的這位鄰居相信大家都會從這個臉書社團獲益，但妳一點都不喜歡在現實世界裡與鄰居視訊通話。妳是個低調且重視隱私的人，不想要跟社交媒體有過多連結。
- **回應**：「我幾乎不上臉書的，我們社區中心有沒有佈告欄，方便我可以隨時關注？」
- **注意**：有鑑於多數人對社交媒體的沉迷，當妳對他人的貼文沒有回應或按讚時，大家對妳在臉書上保持「緘默」的反應，可能會比妳一開始就從未出現在社團名單上要來得負面。同然，加入後再選擇退出，也可能會替妳引來不必要的注意。

- 088 -
幾個家長輪流開車送大家的小孩去參加足球訓練。
「妳今天可以幫我開車嗎？」
其中一個家長問。

- **發生了什麼事**：輪到開車的這位家長，完全沒有暗示她可能有突發狀況，或假如妳同意的話就幫了她一個大忙，她以前就曾經這樣過。今天不是輪到妳開車，何況妳也已經有了其他計畫。假如妳不幫她開車的話，妳擔心孩子們會錯過練習的時間，但是不要那麼想，確保孩子們都能趕上足球訓練，不是妳的責任。當妳說「不」時，很可能的結果是：那位家長會想出辦法把她自己的孩子和妳的孩子都送到球場去。
- **回應**：「不，我已經有其他安排了。」
- **注意**：如果妳這次很樂意替補她的時段，那就是把妳自己放到「笨蛋」的名單上去。等著看吧：妳將一次又一次地被要求。

-089-

「有些較年長的男孩老是佔據公園裡的遊戲場，
我們應該把他們趕出去。」
妳的某位鄰居在電子郵件群組裡寫道。
「如果你關心安全的話，請回應。」

- **發生了什麼事**：妳加入了一個妳以為是鄰里守望通訊的電郵群組，但卻很快發現，那個住在離妳家不遠的群組管理者散佈了一大堆憤怒的抱怨。她前幾次的郵件轟炸看起來比較像是挑釁的謾罵，而非有關安全問題的告知。
- **回應**：什麼都別做。或者：封鎖那個群組或取消訂閱。
- **注意**：利用「如果你關心安全的話」迫使妳加入武裝力量是一種壓力策略，有可能妳不是唯一覺得受到干擾的人。

- 090 -

洛克太太是住在妳家隔壁的一位長者。

她獨居，並且最近才從一個手術中復原。

她打電話給妳，

詢問是否能夠幫她買一張生日卡片，她想寄給兒子。

- **發生了什麼事**：幾個月前，妳告訴她住在遠方的兒子說，不用擔心，妳會幫他媽媽採購、做垃圾分類，並時時去探望她，直到她恢復行動能力為止。妳不但全部都做到了，而且做了遠超過妳所承諾的：在她早就恢復行動能力，能夠自己開車出門並處理自己的日常所需後，妳仍然經常做菜送過去給她吃、開車帶她出去辦事等。
- **回應**：「洛克太太，我今天無法到卡片店去。妳何不明天出門採購時，再自己去選一張喜歡的卡片？」
- **注意**：在緊急狀況後，當妳協助的那個人已經能夠而且應該再次獨立時，若是延長他的依賴，那就是在幫倒忙了。這時，妳要把「不」字付諸行動。

- 091 -

「我們這個請願書需要兩百個簽名連署，」

你的一位鄰居說。

他滔滔不絕地說請願是一件多麼立意良善的事情，

每個人又是多麼熱心地參與連署。

「請在這裡簽名。」他說，然後把一張簽名板塞到你手裡。

- **發生了什麼事**：你對這個請願的主旨或其背後的團體都不清楚，也不知道那份請願書會如何被運用，因此不願意當場簽名。
- **回應**：「我從不在我還未細讀過的任何文件上簽名。請留下一份副本給我，我現在沒辦法閱讀。」
- **注意**：你不需要為了打發那個人，而在任何形式的請願書上簽名。

- 092 -

「星期四下午妳可以幫我照顧孩子一個小時嗎？」

- **發生了什麼事**：這已經不是妳的這位鄰居第一次提出這樣的要求了，更討厭的是，她所謂的一小時幾乎都會延長。她會打電話給妳，告訴妳她被事情絆住了，並說著一大堆抱歉的話；有時則連電話都省了，讓妳只能乾等著，看她的車何時會開進妳家的車道裡。
- **回應**：「不，星期四我沒空。」
- **注意**：對那些會讓妳覺得受挫的行為，妳要特別小心。當分攤照顧小孩的責任不平等互惠時，妳就應該要求對等時間的交換，免得覺得被利用了。

- 093 -

某家長會的成員跟妳抱怨
下星期一就要繳交的全校科展作業有多難。
「說到那方面，我就是個大白癡。」她說。
「妳能幫艾咪想幾個點子嗎？」

- **發生了什麼事**：不管她是否知道妳在科學方面很厲害，並且可以想出十二種可能的計畫讓妳跟她的孩子一起做，妳真的不想要在週末時讓自己忙得不可開交。切勿脫口而出：「我很樂意幫忙。」
- **回應**：「我可以給妳的女兒幾個建議，但這個週末我無法陪她一起做。」
- **注意**：雖然妳不能跟她女兒分享妳的才華，妳們仍然是好朋友。不得不幫自己的孩子做出壯麗的太陽系與待飛射的火箭，已經夠妳忙的了。

- **094**-
「你以幫我開門讓送貨員把東西搬進我家嗎？
時間大約在中午到五點之間。
你在家工作，比較方便。」

- **發生了什麼事**：即使現在已經有多到超乎想像的人在家上班，一般人仍然以為，那些住家即是辦公室的人，有的是時間可以幫鄰居、朋友或家人的忙。
- **回應**：「我得等一通重要的電話。」或者「今天我需要出門辦事。」「那段時間我有個電話會議。」抑或「今天是截止日，我得把成品交出去。」總之，告訴你的鄰居，要你在工作日花好幾小時幫她注意送貨員的到來，是不可能的事。即便是送貨到你家，你都會覺得受到干擾，更何況別人家。
- **注意**：為了防止他人以為你從星期一到星期五都沒什麼事做，要讓他們明白你每天只有中午時分才能跟他們講話。藉

由只接聽與工作有關的電話，你可以將那條界線畫出來。

- 095 -
「我兒子想要申請進入你的母校就讀。
你可以幫他寫一封推薦信嗎？」

- **發生了什麼事**：你已經幫你的母校當面試官很多年了，而你知道你鄰居的兒子不夠資格就讀那所大學。但你的鄰居相信你的推薦信一定有影響力，可以幫他的兒子拿到入學許可，讓他的兒子能夠在大一新鮮人的班級裡有一個名額。
- **回應**：「我的推薦信幫不上忙。招生委員會已經不像以前那樣看重校友們的推薦信了。」
- **注意**：你已經表達了事實，向對方暗示你沒有太大的影響力，也點明了你對推薦他兒子並不熱衷。如此一來，你不但間接說了「不」，同時也保有了自己對那所大學該有的廉正。

- 096 -
「希望你不介意。
工人們會在星期六早上八點鐘來把我們家那棵枯樹砍掉。」

- **發生了什麼事**：你的鄰居連問都沒問那個時間對你而言是否恰當，他知道你在星期六早上通常會晚起。大部分的人會說：「沒事，謝謝你告訴我。」然後對一大早就必須被吵醒感到氣悶。

- **回應**：「八點太早了，拜託請他們九點再開始。」
- **注意**：對別人告訴你的事情，不需照單全收；相反的，你可以要求對方做更改。

- 097 -

妳的鄰居出乎意料地給妳一則簡訊：
「懷念以前一起散步的時光。
下星期我們可以重新開始嗎？」

- **發生了什麼事**：不久前，妳們才因為樹籬、她的愛犬以及妳孩子踩壞她的花床等事大吵過一架，那個爭執深深影響了妳跟那位鄰居曾有的情誼。修補關係似乎是彼此應該做的事，但她刻薄的語言深深傷害了妳，妳不想再給她任何羞辱妳的機會。
- **回應**：「我的行程很滿，我們過幾週再連絡吧。」
- **注意**：許多經過嚴重衝突的友誼，都無法完全回復到當初。不管你是需要時間評估自己是否經得起二度傷害並稍晚再聯絡，或那已經是一個你不願再持續的友誼，你都有權力為自己保留思索的空間。

- 098 -

社區的一個小朋友穿著女童軍制服來按妳家的門鈴。
「嗨，丹傑羅太太，我在為我們的女童軍團販賣餅乾。
妳可以買一些嗎？」
女童的母親就站在她背後看著妳的反應。

- **發生了什麼事**：餅乾、糖果、雜誌訂閱等，並不在妳非買不可的清單上，但妳又想當個好鄰居。
- **回應**：「我已經跟我的姪女下訂單了（如果是真的話）。」妳也可以說：「我現在（或今天）不方便。」並期許她會忘了再度上妳家來。
- **注意**：要拒絕妳認識的孩子，幾乎不可能。不過，對於妳不認識的小孩可以直接說「不」，而且遇到任何以妳不熟悉的理由募款或可能是詐騙的人時，都應該掉頭而去。

- 099 -
「你可以選我兒子麥可進入本季你所負責訓練的球隊嗎？」

- **發生了什麼事**：鎮裡成立今年的球隊時，鄰居要求你利用身為教練的身分，影響那些有權力選擇球員的人。
- **回應**：「麥可很棒，不管分派到哪一隊他都會有傑出的表現。他很有潛力。」
- **注意**：你希望你的鄰居可以把關注的焦點放在他應該關注的地方——他兒子出色的運動技能，而你也採取了適當的步驟。如果不這麼說，那麼當所有的教練坐下來給隊伍分派球員時，你可能會因為已經拒絕最後卻又選擇了鄰居的孩子，而落入一個很尷尬的狀況。

3 家人之間

　　對多數人而言，家人是最重要的。家族成員通常比朋友和同事與我們更親近，因此我們希望能減少彼此之間的分裂、強化彼此的團結。家族是我們的支持體系，常常還是我們的啦啦隊。不管在這世界的哪一處，一個人的家族成員──父母、姻親、兄弟、姊妹、親屬等──都是他在成功或絕望時最能夠尋求支持和協助的人。我們對親人的依賴可能遠勝過對朋友的。然而，只要給予機會，所謂親人也是會佔我們便宜的人。

　　許多人擔心，對親人們說「不」會讓我們顯得冷漠無情。但是，為了全家族（或某個特定親屬）的利益做出高貴犧牲，與被視為家族呆子之間是有所差別的。

　　拒絕，可能會讓關係變得膠著。一個看起來似乎無害的「No」，可能會激起家人之間持續幾個月、幾年，甚至一輩子的爭吵或分裂。我們可以輕鬆地打發一個朋友以減少生活的混亂，但要忽視某個親人卻是很難的事。科技讓這種情況雪上加霜：家人的要求可能更頻繁，而社交媒體上的互動也無法避免。他們有更多的管道可以找到你，不斷考驗著你的底線。

　　以下的測驗可以幫助辨識你是否就是家族裡的那個濫好人──那個經常屈服於要求且處理大部分問題的人。

你是家族裡的那個濫好人嗎？

　　如果你的回答中「是」多於「不」，那麼現在就是你應該建立新的或更穩固的界線的時候了。

1. 你是否發現自己經常承擔額外的任務，因為其他人都不願做？

2. 你是否經常答應出席家族聚會即使你根本就不想去？你是否覺得你無法忽略或改變家族傳統？

3. 你是否覺得，即便家族成員在社交群組上所發佈的事情常常讓你不開心，你也不得不關注？

4. 你是否已經被圈入家族的討論群組，當你不想要參與他們的對話時，也不得不寫些什麼？

5. 當家族聚餐時，你是否會做一道主菜……和一道特別為姪女安德莉亞做的素菜……和一道專門為賽門叔叔準備的沒有加核桃的糕點……和一些給你那特別挑嘴的外甥或孫子做的不能加任何調味料的馬鈴薯泥？

6. 當親屬之間有爭吵時，你是否總是那個被指定的和事佬？

7. 當親戚在你家聚會時，你是否發現身旁的每一個人都在滑手機，而你也從不會要求他們把手機收起來？

8. 當家族聚會時，你對某個親戚針對你所開的玩笑，是否會大笑或忽視？

9. 是否有某個手足或親戚一直轉傳一大堆你一點都不感興趣的電子郵件？（你有叫他／她不要再傳了嗎？）

10.當某些親屬不知如何上傳照片或有新的軟體要安裝時，他們是否總是喜歡找你幫忙？

11.你是否會遵從某位長輩——比如你的母親或你配偶的母親——的指示，並且為了避免被斥責或令她不開心，而以「她的」方式來做事？

雖說親戚之間的相處是一件很愉快的事，但有時他們也會侵犯你的隱私、提出令人憤怒的要求，或拜託生活已經忙碌不堪的你去做一些心有餘而力不足的事。記住：為朋友兩肋插刀不見得就能強化友誼；同然，為家人鞠躬盡瘁也不會讓你變成一個較好的親屬。但是，由於歷史、傳統和血緣關係等，對親人說「不」似乎是不可能的事。更糟的是，親人通常更瞭解你的弱點，而當他們選中其中一點戳入時，你的抵抗力就煙消雲散了。

你不需要為親戚們的快樂或舒適負責，一個人不可能幫家裡所有的人做所有的事。單單這個觀念——當你發現自己陷入必須說「不」的情況時——應該就能幫你減輕壓力值了。本章所提供的情境將為你指出一條往前邁進的確切途徑。

父母及姻親的圈套

在學習劃出界線和當個不聽話的人的過程中，父母通常是那個給予你最大挑戰的人。也許父母，或特別是其中一位，窮盡一生之

力就是在教育你要有禮貌、要順從，要在他們發出指令時做他們叫你做的事。從小到大，你已經養成了回應父母要求的固定模式。但是，現在不一樣了，你已經是一個大人了，你有自己的生活，甚至自己的家庭。

你不需要再當那個乖巧柔順的孩子。若是可以擺脫父母令人吃不消或甚至霸道的要求，你會覺得快樂許多。然而，很多害怕緊張或衝突的成年子女卻很難瞭解一個事實，那就是：他們可以拒絕自己父母的要求或命令。

絕少成年子女願意侮辱、傷害或忽視自己的父母。但是，也許父母自己常常想要繼續指導、保護孩子，或認為自己知道什麼對孩子最好。你也許這麼認為：因為是父母的要求，所以說「Yes」是義務的、搖頭說「No」是不可思議的。即便你住在天邊海角，你都可以感覺你的父母彷彿就住在隔壁，且不斷地在期待你永恆的「Yes」。

很多人在姻親的身上也會遇到類似的狀況，這不是祕密，兩個家庭的結合會給雙方親戚創造許多需要互相理解的未知領域。在你加入那個家庭前，他們當然是以自己的方式在經營他們的家庭，他們的子女以前給他們較多的關注，而即使他們挺喜歡你（或嘴巴說喜歡你），你卻明擺著變成他們與自己子女之間的障礙。一個媳婦或女婿或許會給他們帶來不喜歡或無法接受的改變。有鑑於這些事實，姻親，跟父母一樣，也會擾亂你的成年生活或讓你的生活困難重重──如果你容許情況發生的話。

很多時候父母和姻親都會給你製造問題和狀況，在那些例子中，想像你自己如何對他們說「不」，並以此激發自己的勇氣。即使父母和姻親不是持續性地騷擾，當你需要的時候就說「不」，將

會證明你的獨立，迫使他們理解你已經「畢業了」，並且已經進入一個既不全然依賴他們，也不圍繞著他們打轉的生活。在說過幾次「不」之後，他們對你的期望就會逐漸改變了。

注意：在以下許多情境中，你都可以用「父母」代替「姻親」，反之亦然。

- 100 -
「我需要你回來幫你父親做……」

- **發生了什麼事**：你媽媽認為她叫你做什麼，你就會言聽計從。但你知道，你若順從她，回去後就會發現，最後可能還要做另外其他二十件事。
- **回應**：「我真的很想幫忙，但我現在無法做妳所要求的事。」
- **注意**：小心！切勿再扮回你十歲時那個乖兒子或乖女兒的角色了。當你做得到時，你當然可以幫忙，但請先確定他們的要求能配合你的時間和意願，否則你將會被父母的要求激怒。

- 101 -
「妳在社交媒體上的名字什麼時候要冠上夫姓？」
妳的婆婆遇到妳時問。

- **發生了什麼事**：妳早就計畫要正式冠上夫姓，但因為工作的關係，妳在網上的名字一直未變更。妳已經解釋過一兩次了，但顯然妳所傳達的訊息未被理解。
- **回應**：「妳知道我深愛妳的兒子和這個家庭，但是更改名字

會讓我的同事們造成混淆。」或者「對我的工作而言，保持名字的前後一致很重要。」

- **注意**：要不要改名字，完全是妳個人的決定和選擇。

- 102 -

「可以幫我和你媽媽訂機票嗎？」
你父親問，然後把一個機票促銷的廣告轉寄給你。

- **發生了什麼事**：你覺得你已經把如何在網上訂到便宜機票的方式告訴你父母親了，但是他們仍然習慣把你當旅行社。
- **回應**：「我相信你和媽媽一定會弄清楚該怎麼做，有問題再打電話給我。」
- **注意**：對於習慣你放下手上一切去幫忙他們的父母繼續說「好」——無論是訂機票、整理網路訂單，或是任何其他隨傳隨到的服務——只會鼓勵他們更加依賴你。

- 103 -

「哇，妳的窗戶怎麼弄成這樣？」
妳媽媽在跟妳視訊時驚呼一聲。
她瞄著妳背後的窗戶，很不以為然的樣子。
「妳需要品質較好的窗簾。
我幫妳訂購一組，顏色可以搭配我幫妳買的那一套沙發。」

- **發生了什麼事**：妳媽媽討厭妳住在千里之外，而且為了支持妳，總是遙控佈置妳的公寓。她的關心已經變成了直接插手

干預，妳的衣櫃塞滿了她送的衣物，但卻沒有一件符合妳的品味。

- **回應**：「媽咪，謝謝妳的支持，但是我不想要新的窗簾。我的窗戶現在這樣子看起來很好。」

- **注意**：讓媽媽幫妳買東西，會讓她開心一點，但妳卻是那個必須跟那一大堆東西住在一起的人。用感謝來緩和妳的回應所可能對她造成的衝擊，但要堅決地告訴她：妳不想要、也沒有空間放任何其他東西。

- 104 -
「我好久沒看到你，都忘記你的樣子了！」

- **發生了什麼事**：這是形式最純粹的操控，其伎倆就是要引發你的愧疚感，尤其當你因為生活太忙碌而忽略父母時。但很可能的是：不管你是為他們忙進忙出，或者從未去探視，他們都是一樣的沮喪。

- **回應**：「才不，我愛妳，也想跟妳在一起。我們約個時間碰面吧！」

- **注意**：你不需編造任何藉口。你本來就有權享受一個不包括父母、姻親及其他家族成員的生活。

- 105 -
「希望尺寸適合！」
你的岳父丟了一頂洛杉磯道奇隊的帽子給你。

- **發生了什麼事**：你是舊金山巨人隊的超級球迷。你一點都不想要你岳父送的那頂帽子，但是又不想粗魯地拒絕他的禮物。你也不想因為回應的方式錯誤，而製造一個可能會持續多年的緊張關係。
- **回應**：「謝謝，但我已經有帽子了。」或者「如果你戴我的巨人隊帽子，我就戴你的道奇隊帽子──但是，我感覺你一定不會願意的。」
- **注意**：一個禮貌或淘氣的回應，可以抵消熱情球迷間可能發生的爭執。

- 106 -
「這就是妳的穿衣風格？」
妳媽媽公開批評妳在臉書上貼的一張照片。

- **發生了什麼事**：妳覺得接受她的交友邀請沒有什麼壞處，但是當妳上傳一張少女時期的照片時，她竟然在網上公開批評妳的成年生活，讓妳的心幾乎泣血。妳害怕跟她一來一往的爭吵，但是妳的內心在咆哮。
- **回應**：私下告訴她：「媽媽，如果妳繼續在臉書上那樣批評我的話，我就只好封鎖妳了。妳讓我覺得我好像還是個小女孩。」
- **注意**：妳有權力設下網路界線。毋庸置疑，妳的父母會很震驚，但重要的是，妳必須讓他們知道，妳絕對不會容許他們公開批評妳。妳的父母是否有隨時查看妳臉書的權力，是妳必須嚴肅思考的問題。

- 107 -

「嚐嚐看！」你父親說，把一湯匙的燉牛肉遞到你眼前。
「我知道你最喜歡這個。」

- **發生了什麼事**：爸爸做的燉牛肉是你小時候最愛的一道菜，
  但是你父母忘記你現在已經是素食主義者了。你知道他只是
  想跟你親近，但每當他忽視你的生活抉擇時，你就忍不住氣
  悶。
- **回應**：「聞起來很香，但我不能吃。爸，你一定忘記我不吃
  肉了。」
- **注意**：你可以給父母的催促式要求一個溫和的回應。可以明
  白地說：「不，謝謝。」然後跟他一起回憶多年前在寒冷的
  冬天裡喝牛肉湯的溫暖感覺。

- 108 -

「我要把貝琪姨媽和艾爾叔叔放進婚禮的賓客名單裡。」

- **發生了什麼事**：貝琪姨媽是妳媽媽的遠房表妹。妳從三歲後
  就再也沒見過她和艾爾叔叔了，而且妳也沒興趣在妳的婚禮
  上看到他們。妳可能需要提醒妳母親：這是妳的婚禮，不是
  她想要為她自己舉辦的或她夢想中的妳的婚禮。她可能會爭
  辯說，辦婚禮的費用是由她和妳父親支付的；但是，妳仍然
  不需要邀請那些妳幾乎不認識的人，來參加特別為妳所舉辦
  的慶祝派對。要堅持！妳的父母會明白的。
- **回應**：「不，我知道妳不想要傷害任何人的感情，但是我們

想要辦一場小型婚禮。如果我們邀請貝琪姨媽，那麼我們就
必須邀請她的兄弟姊妹及其他人，到時賓客人數就會遠超過
我們原先說好的了。」

● **注意**：也許妳一輩子都在取悅妳的父母親，但是，妳真的有
　權力決定妳自己的婚禮賓客名單。

- 109 -
老公接起電話然後對妳說：
「親愛的，是妳媽媽。妳現在有空講話嗎？」

● **發生了什麼事**：那天早上妳已經跟她講過電話了，而且從妳
　老公翻白眼的樣子妳看得出來他知道。妳媽媽很敏感，如果
　妳不接聽她的電話，她會覺得很受傷。
● **回應**：「請跟她說，我等一下再打電話給她。」
● **注意**：妳不需要對父母親隨傳隨到。不管妳媽媽有什麼話想
　跟妳說，也許都不是多緊急的事。妳可以跟她約好固定打電
　話的時間，如此，妳就不需要躲避她的來電了。

- 110 -
「我們今年要給每個孩子都準備一個
最新型的 iPad 做為新年禮物。」
妳的父母（或公婆）宣佈。

● **發生了什麼事**：祖父母對孫子們總是比較慷慨，有時甚至溺
　愛。現在妳正努力地在教導孩子們尊重並瞭解金錢的價值，

過度奢侈的禮物對妳當下的教育任務而言，毫無幫助。

- **回應：**「那真是一個好主意，但是你們必須再等個一兩年，我們覺得孩子還太小了。你們看海蓮娜，她雖然年紀最大，卻老是丟掉東西。」

- **注意：**滿懷善意的祖父母（或其他親戚）可能會破壞妳正在灌輸給孩子們妳認為重要的價值觀，妳可以藉由表達感謝來讓妳的拒絕策略顯得圓融。

- 111 -

「下星期我去看妳時，可以帶珊德拉一起來嗎？」

- **發生了什麼事：**珊德拉是妳母親最要好的朋友，也是自從妳父母離婚後，經常陪伴著妳母親的人。珊德拉很挑剔，每次一進入妳家，就馬上接管一切。妳很少對母親說「不」，也很害怕現在必須開始這麼做；但是，妳不願意再受到珊德拉指手畫腳的干擾了。

- **回應：**「不，媽媽，我比較喜歡妳一個人來。每次我們碰面時，我們不需要珊德拉陪著我們。讓我們母女有個獨處的週末吧。」

- **注意：**不要害怕違背父母的旨意，妳母親會很高興妳只想跟她在一起。

- 112 -

「妳說不會邀請妳表妹來參加婚前派對是什麼意思？
妳們是一起長大的！」

- **發生了什麼事**：的確，妳們是一起長大的。當妳不想跟她玩時，妳被迫跟她玩，並且要聽從她的指令做她想做的事。在成長的過程中，妳們除了家族慶祝外，越來越少見面。在二十歲以前，妳容忍妳的表妹，但妳們之間完全沒有共通點。如果妳邀請她來參加妳的婚前派對，不但會覺得自己很虛偽，而且那也表示妳必須少邀請一個真正的好朋友。

- **回應**：「媽媽，我知道妳的感受，但是我不能邀請她，她再也不是我生命中的一部份了。我們已經決定只邀請我們的好友，而我們不會改變心意的。」其實，妳還可以加上一句：「除了伴娘和伴郎外，我們也沒有邀請家族裡的其他人來參加我的婚前派對。」

- **注意**：對於你可能讓自己的親戚不開心，要有心理準備。不過，那仍比面對一個跟妳沒什麼關係的表妹在妳婚禮當天陪妳走向聖壇容易得多。

- 113 -

「驚喜！驚喜！你們的蜜月花費我們全包了。」
你父母（或公婆）在電子郵件裡寫道，
並附上一個奢華熱帶蜜月勝地的連結。

- **發生了什麼事**：當妳（你）和未婚夫（妻）暗示了一個合理且價格低廉的蜜月旅行時，他們露出了猶疑的神色。那封附加誘人圖片的電子郵件，就是他們想要說服你改變計畫的意圖。

- **回應**：「謝謝，但是我們對蜜月有不同的計畫。」

- **注意**：切勿因為父母或公婆的慷慨贊助而動搖了，因為操控

你婚姻生活的大門一旦開啟，以後就很難關上。

- 114 -

「妳要打電話給妳嫂嫂並向她道歉，免得她更生氣。」
妳的父親跟妳說，語氣充滿指控。

- **發生了什麼事**：妳父親總是盡一切努力要維持妳和手足之間的和諧關係。他知道妳嫂嫂會勒令妳哥哥如何與他自己的每個家人相處，而妳父親以為妳一定說了或做了什麼冒犯她的事。
- **回應**：「我不會為自己沒做過的事道歉。即便有什麼，也應該是她打電話給我。也許哪天我會給我哥打電話，把整件事情跟他好好說一說。」
- **注意**：如果妳永遠是那個為了撫平家人之間的歧異而必須先低頭的人，那麼也許妳應該好好思考這個問題了。維持家人之間的和平不是妳一個人的責任，強化家人之間的親情也不能只靠有意願的那個人。

- 115 -

如同過去的每一年，
當妳母親宣佈：「感恩節晚餐五點開始。」
那不可避免的拉鋸戰就開始了。
她既不認可也不接受任何藉口，
更不會配合子女及其配偶等人而改變晚餐的地點或時間。

- **發生了什麼事**：雖然妳已經結婚了，母親卻一直拒絕由妳來

主辦感恩節晚餐的聚會。妳想跟父母、朋友以及妳自己證明：妳能夠做到。也許妳是想要在這個隆重的家族節慶裡當女主人，坐在餐桌——妳的餐桌——的主位。妳想要在感恩節時覺得自己已經是一個大人了，但是妳的母親似乎不在意妳的感覺。她很固執，而這對妳來說不是新聞。

- **回應：**「不，媽媽，今年的感恩節晚餐要在我家，五點開始。」
- **注意：**改變傳統當然是可能的。除了墓園裡的墓誌銘外，沒有什麼是刻在石頭上不能改變的。一開始父母可能會遲疑，但是，只要你事事將他們考量在內，通常就會順應子女們的意願了。

- 116 -

「你祖父留給你的錢，應該拿來買股票。
我來幫你決定買那一支吧。」

- **發生了什麼事：**你的祖父留給你一筆不小的遺產，你知道你想要怎麼用那一筆錢，但絕對不是投資在股票市場裡。你已經決定要把它當作新房子的頭期款、買一輛新車、度一個你渴望已久的假期或換個時尚的新衣櫥等。
- **回應：**「不，謝謝。」
- **注意：**對如何運用這一筆意外之財，你想隨自己高興，或是投資、或是揮霍，總之不是你父親認為的那個方式。如果花費後仍有些餘款，這時你可請教父親如何做投資，並且要讓他知道，那也是屬於你自己的決定。

- 117 -
「看看這輛新車！」
你父親在一封電子郵件裡寫道，
並附上一款新車的促銷廣告連結。
幾分鐘後，他的另外一封郵件進來了。
「這裡有另外一款。」
隨後，更多的郵件湧進你的信箱。

- **發生了什麼事**：你巧妙地應付了你父親對你那輛破車的批評，但是他仍然自以為是地想要透過電子郵件說服你買一輛物超所值的新車，以獲得你的注意力。不住在同一屋簷下又躲著他的電話是一回事，但是他排山倒海湧進你信箱裡的郵件實在令你抓狂。
- **回應**：「不，爹，我告訴過你我現在沒空想這件事。」你可以加上一句：「如果你想聊聊別的事情的話，我願意洗耳恭聽。」
- **注意**：有些父母就是忍不住要插手他們子女的某部分人生。在不切斷溝通的情況下，讓你的父母知道那個話題已經結束了。

- 118 -
「你不能讓他坐在後座嗎？
他已經夠大了，而且我們也沒有要到很遠的地方去。」
在你奮力地將扭來扭去的三歲兒子
塞進他自己的汽車安全座椅時，
你媽媽提議。

- **發生了什麼事**：你父母也許不知道，自從他們自己開車載嬰兒或學步兒童以來，汽車的安全措施與設備已經有了很大的變化。你只需要溫和地更新他們的資訊就夠了。
- **回應**：「不，他必須坐在扣緊的安全座椅裡。這是法律的規定。」
- **注意**：無論你父母的話有多具說服力，只要與你孩子的安全有關，你就是老大。

- 119 -

「我帶孩子們去游泳，

這樣妳就可以自己享受一下午後的清閒了，如何？」

- **發生了什麼事**：妳媽媽的提議讓妳的心臟漏跳了一拍。妳需要休息，但是妳媽媽絕對不是那個妳敢將孩子委託給她的人，更別說靠近水了。她很容易分心。妳想像她穿著泳衣跟在游泳池畔新認識的人聊起天來，而她扭過身體去回答新朋友的問題時，妳的小寶貝卻自己一個人游著狗爬式。但是，妳怎麼能告訴自己的母親她不能跟孫子相處呢？
- **回應**：「媽媽妳真好。我們全部都去吧。」或者「謝謝，但不要今天。」
- **注意**：如果妳母親幫妳照顧小孩，而妳卻得一直懸著心的話，那可不叫做休息。說「不」，可以將界線移進妳自己的舒適圈裡。

- 120 -

「我跟歐文說,他在睡覺前可以再看一集卡通。」
在妳家做客的父親告知妳。
「一個小時而已,沒什麼大不了的。」

● **發生了什麼事**:妳很高興妳父親是個寵愛孫兒的外公,但是,一開始只是給孩子多吃幾顆糖和買聖代冰淇淋的溺愛,最後竟演變成了完全不顧妳給孩子規定的縱容。

● **回應**:「我知道你最關心的是歐文的需要,但是,你不能破壞我身為母親的角色。請你在容許他做任何事情之前,一定要先獲得我的同意。」

● **注意**:說到育兒風格,父母跟他們自己的父母(或姻親)起衝突,是再自然不過的事。妳自己是怎麼被養大的,跟妳會如何教養自己的子女,通常不一樣。祖父母是連結家族向心力的重要成員,但妳需要偶爾提醒他們,請他們務必尊重妳給孩子訂定的規矩。

- 121 -

「羅根生日時我們給他買的帽子呢?」
妳在臉書上貼了一張正在學步的兒子照片,
而妳父親在照片旁寫了幾行評論。
「他看起來好像很冷的樣子!」
不久,他給妳一則簡訊:
「給我的金孫拍一張戴著外公的禮物的照片吧!」

- **發生了什麼事**：透過社交媒體讓遠方的親友看著妳的子女成長，是一件容易的事；但是，那個管道也成為了一個吹毛求疵及惱人的監督場所。妳很難從妳父親的評語裡感受他真正的意思，但是，妳仍然立刻覺得自己是否因為沒有讓孩子戴著他送的帽子拍照，而把祖孫三代的親情搞砸了。
- **回應**：「我跟你保證羅根很愛那頂帽子！過年時你自己就會看到了。」
- **注意**：對感情密切的家人而言，距離可能會成為一個問題。妳的父親也許覺得自己被排除了。妳不需要立即丟下手上的工作去找帽子，然後給孩子拍一系列照片——明確的、令父親安心的話，應該就能夠撫平他被遺漏的恐懼了。

- 122 -

「妳不會真的讓她把頭髮剪那麼短吧？！」
妳的女兒宣佈要把頭髮理成平頭時，妳母親吃驚地問妳。
「妳怎麼能讓她這麼做！」

- **發生了什麼事**：在妳的成長過程中，妳母親不允許妳在外表上做激烈的打扮——穿洞、大膽的髮型、刺青等，都是絕對被禁止的。但妳的育兒方式一直跟她的不一樣，而理平頭只是妳母親用來譴責妳育兒方式的另外一個理由。
- **回應**：「我們是經過深思熟慮才決定讓她剪那個髮型的。我知道了，妳覺得我們的決定是錯誤的。」
- **注意**：認可父母的不贊同，通常就足以打發那個話題了。

- 123 -

「妳說妳不會回家過復活節是什麼意思？
妳太令我失望了！我馬上給妳匯機票錢過去。」
妳媽媽在給妳的電子郵件裡發飆了。

- **發生了什麼事**：妳已經跟媽媽解釋過了，妳存款不足而且正在努力工作以平衡收支。妳母親自從學會了用她的智慧型手機匯款後，就自以為可以藉由幫妳付機票錢，把妳「拎」回家。如果接受了她的贊助，那麼一旦回到家後，妳就會對那個花費有愧疚感，覺得自己有義務幫她跑腿，並接手做大部分的菜餚。
- **回應**：「我真的很想跟大家一起過復活節。我知道妳很不高興，而且想要幫助我，但我必須靠自己來搞定財務狀況。拜託妳別再幫我付機票錢了。」
- **注意**：要父母親接受改變，是一件很困難的事。妳可以跟妳媽媽強調說，妳不是針對她。而且，比起堅守家族的復活節傳統，財務獨立對妳而言更重要。

- 124 -

「妳可不能收養孩子！
難道妳不想給我們一個親生的孫子嗎？」

- **發生了什麼事**：妳父母（或公婆）無法想像自己的孫子沒有長得跟他們相似的眼睛，或像叔叔般擁有運動天分。但除非妳多接受幾次昂貴的人工受孕手術，否則自然懷孕對妳而言

根本不是妳能擁有的選擇。妳父母（公婆）說要幫妳負擔人工受孕的費用，但他們並不理解人工受孕的情感「代價」。妳已經堅決要收養孩子。

- **回應**：「我們的孩子無論如何都會愛你們的。請支持我們。」
- **注意**：收養並不是一種次好的選擇。在養父母溫暖家庭中長大的養子女，也會跟養父母的親戚們建立親密的撫育關係。

- 125 -
「我們很擔心你的理財投資。」你的父母打電話來說。
「把你的帳號跟密碼給我們，
我們可以幫你看看，順便整理一下。」

- **發生了什麼事**：沒錯，你可以很便利地在網上檢視你的財務運作，但那並不表示你那過度關心的父母可以來幫你梳理它們。你的父母親想要讓他們在你青少年時期最強大的操控力繼續發揮效果。
- **回應**：「不，我完全能夠管理自己的錢。如果有困難或問題時，我會找你們幫忙。」
- **注意**：研究顯示，年輕的美國成年人處理金錢的方式——不管是存款戶頭或信用卡理財——都與他們父母親那一代的人很不一樣。如果你不想要父母插手，你有權拒絕他們的建議——無需任何解釋。

- 126 -

「妳不覺得蜜雪兒應該多花一些時間找工作？」
妳的公公問道。

- **發生了什麼事**：蜜雪兒是妳的小姑，但妳不想要介入父女或母女那種衝突裡。一旦妳同意公公的話，妳就是在自找麻煩。
- **回應**：「我對此事沒有意見。」或者「我不知道。」「我沒有想過那件事。」
- **注意**：妳的回答有可能會被妳公公轉述給小姑聽，而她會因為妳的偏袒而對妳心生嫌隙。在家族成員中，誰跟誰是一國的，可以在瞬息間發生改變，請小心。

- 127 -

「星期五的晚餐妳想要我帶什麼過來？」
妳媽媽（或婆婆）打電話問。

- **發生了什麼事**：自從妳生了孩子後，你們五個人在星期五就有了固定的晚餐聚會。但孩子們現在比較大，也都上學了，會參與他們自己所排定的活動。
- **回應**：「不需任何準備，我們得停止星期五的晚餐聚會了。我們想要也需要跟孩子們多單獨相處。別擔心，我們還是有很多其他時間碰面的。」（她一定會找時間的）
- **注意**：你們一家人自己在一起，這是妳的選擇。一開始，妳媽媽（或婆婆）會覺得被遺棄了，但她沒有選擇，只能調適自己。在妳第一次宣佈這個改變時，妳可以順便邀請她去參

加妳的孩子即將在下一週進行的某項活動，藉此舒緩對她的打擊。

- 128 -

「我求求妳邀請妳妹妹和葛瑞。」

- **發生了什麼事**：妳媽媽正努力地想要協調妳和妹妹之間的關係。妳妹妹和她老公，兩人既不可靠，也不顧慮別人：他們是遲到大王，總是破壞妳為大家精心準備的餐宴，或者耽擱妳、使得妳趕不上某個約會，而且從不道歉。既然妳媽媽都在哀求妳了，那表示她很明白妳對妹妹及妹婿的自私行為已忍無可忍。妳媽媽奮力地要維持整個家族的完整性。
- **回應**：「我不會把自己再次陷入那樣的困境。」
- **注意**：妳已經當夠了那個「好」姊妹，妳不需要為了安撫或滿足母親而被迫接受間接的侮辱。將那些冒犯者排除在外，可以讓他們睜開眼睛，看清一個事實：他們不能再任性而為，彷彿別人都沒有感覺似的。妳與家人之間的關係可能會膠著一段時間，但是，慢慢的，那種不舒服的感覺就會自行消退了。

手足衝突

手足關係包含許多持續演進的變數。有些手足關係緊密地一起成長，建立一輩子的真正情誼，有的手足間則充滿爭執與競爭。有

些手足會彼此照顧、彼此保護，並且將這般的彼此「看顧」持續到成年後。更有些小時候感情不融洽，長大後覺得愧疚和懊惱的。

無論你與手足之間的關係本質如何，孩童時期的相處會影響你們成年後與彼此的互動，而互動的方式則多半源自於你們從小到大建立起來的相處模式。

不管你的手足對你所提的某項要求，其背後真正因素是出於善意——例如真心誠意為你著想——或出自霸道、自私的心態，你對他們的回應都會嚴重地影響你的人生，以及你與手足之間的感情。

- 129 -

「下禮拜五是我們跟媽媽一起出去玩的婦女之夜。妳會來吧？」

- **發生了什麼事**：自從妳成年後，妳們家的所有女生就有了這個「晚餐加電影」的儀式，而那些一起出去的夜晚對妳而言很折磨。妳的姊妹們最喜歡做的事，就是告訴妳社交生活哪裡出錯了、妳的妝有多難看、工作該如何處理等等。妳已經告訴過她們，她們的批評讓妳很困擾，但是她們的行為並未有任何改變。妳不想當那個破壞傳統的人，而且每一年妳都以為婦女之夜會有所不同。面對事實吧：不會有任何不同。
- **回應**：「我沒辦法去。」妳無需解釋或找藉口，因為妳已經是個成年人了。
- **注意**：一廂情願的想法不會阻止妳的手足（或父母）對妳的羞辱。很可能的是：由於她們一直都是那樣對待妳，根本不可能改變了。

- 130 -

妳大姊給妳發了一封電子郵件：

「爸爸的生日派對計畫書。」

雖然之前妳們曾稍微提過要一起策畫那個派對，

但妳的姊姊卻決定由她主導一切，

而她交辦給妳的任務包括：

設計邀請卡、找外燴公司、烤一個爸爸最愛吃的蛋糕。

- **發生了什麼事**：妳大姊從小就霸道。妳承認她擅長主導，而且在過去的許多事情裡，妳也都順從她的旨意。但是讀了這一封信後，妳現在對那個原本很期待的派對充滿恐懼。

- **回應**：「我對這個計畫有疑義。我們找個機會碰面再商量一個不一樣的吧。」或者「妳什麼時候有空，我給妳打電話？」

- **注意**：妳的手足有可能根本不瞭解自己的獨斷很傷人。不要寫信，讓她知道妳願意如何為派對貢獻的最佳方式是：直接對話。

- 131 -

「寶寶七月底要誕生了，

我住院生產時，妳能幫我照顧其他孩子嗎？」

妳的妹妹再度要求妳。

- **發生了什麼事**：當家族裡有新生兒降臨時，妳總是那個負責照顧其他較大孩子的人。妳覺得那是妳的義務，但自從前一個孩子誕生後，妳的責任已經改變了：妳現在已經有工作，

或妳自己的孩子已經比較大了，妳經常得載他們去參加各種活動，或者妳正在照顧一個生了重病的親戚等等。或者，妳只是不想做。

- **回應**：「我知道伊恩誕生時，我幫妳照顧了莉琪，但這次我沒有辦法幫妳。」
- **注意**：即便是重大的生活事件，妳也可以容許自己說「不」，尤其當妳手上還有其他事情要忙碌的話。這樣的事情並不一定都得由妳來做。

- 132 -
「妳兒子真是全世界最漂亮的寶寶！」
妳妹妹走進育兒室時說。
「現在可以跟史蒂芬妮姨媽來個自拍了嗎？」

- **發生了什麼事**：妳妹妹自從在醫院看到自己的外甥後，就一直想要安排妳的第一個寶貝在社交媒體上的首次曝光會。她想要上傳一些照片，並且希望妳最終會屈服於她的要求。但妳不想讓孩子的照片出現在社交網絡上。
- **回應**：「還是不行。別擔心，以後有的是拍照的機會。」
- **注意**：妳妹妹也許對妳不願意在社交網絡上分享自己孩子的照片，覺得很可笑。妳應該高興她對自己當了姨媽這件事很得意，但是，切勿因為她質疑妳的選擇而改變心意。

- 133 -

「祖母已經過世好幾個月了。

可不可以在妳認為公平的情況下分配她的遺物，

然後隨便給我們寄一些過來？

我們只想要一、兩個能夠讓我們懷念祖母的東西就好了。」

- **發生了什麼事**：妳住得最近，因此被選來做這件事：整理祖母的遺物，並將它們平分給妳的手足。想也知道，妳的其中某個手足一定會對妳分配祖母的瓷器和珠寶的方式感到不開心。他們說不在意，但其實很在意。最後，答應這個要求會比堅持妳不願意自己一個人做這件事更痛苦。

- **回應**：妳只要說：「我絕對不願意自己一個人整理祖母的遺物。你們其中一個得飛過來，跟我一起完成這件事。」就不會造成未來可能的心痛和不悅的感覺了。

- **注意**：切勿被手足哄騙去做那些經常會導致家人間無謂的緊張和衝突的任務。不論妳自認妳的分配有多公平，總有某個手足會在妳單方面做所有的決定時，覺得被騙了。

- 134 -

「星期六那天妳可以幫爸媽整理地下室嗎？

我的孩子那天有足球（棒球、網球）比賽（訓練）。」

妳姊姊打電話問妳。

- **發生了什麼事**：妳姊姊最會找藉口，而她現在正在做她最擅長的事。她即便沒有拿自己的小孩當擋箭牌，也會說她要去

參加一個婚禮、婚前派對、有個外地來的朋友要招待，或某個不能耽擱的案子要完成等等。

- **回應**：「不，我星期六沒空。要不我們星期天一起回去整理吧？」
- **注意**：用問題回答問題，讓找藉口的那個人出其不意，來不及找藉口。既然妳知道早晚得幫爸媽這個忙，那麼改變時程就可以將妳的姊姊「鎖」進來了。

- **135** -
「這個週末可以幫我鋪設甲板嗎？」
你哥哥打電話問你。

- **發生了什麼事**：他一開始鋪甲板時，你就幫過忙了。在第一天的體力勞動後，你發現自己全身痠疼，痛苦不堪。你哥哥是個很有才華的工匠，但他一直追著要你伸援手，卻從不曾給你回報。
- **回應**：「很顯然，我沒有木工這方面的才華。爸爸應該比我更適合當你的助手。等你完成後，我會準備一打啤酒給你慶祝。」
- **注意**：你不需要因為拒絕一個超過你的能力或體力範圍的要求，而感到進退兩難。

- **136** -
「你可以幫我修改我的履歷嗎？」

- **發生了什麼事**：你跟小妹很親近，但你發現她漸漸地把你當作私人祕書在使喚了。以往你不介意——你幫她做功課、幫她的新家買傢俱、幫她過濾約會對象等等——但是，她卻開始連自己會做的事都要叫你做。
- **回應**：「你先自己完成草稿和校訂後，我再幫妳檢查。」
- **注意**：手足之間基本的施與受，如果過度了，就會發展成依賴。插手幫忙可以避免重大錯誤，但往後退一步則能鼓勵對方培養自主性。

- 137 -
「我實在不願再次跟你開口，
但是，媽媽家的屋頂修繕費用你可以付嗎？」

- **發生了什麼事**：你的一個手足打電話來，要求你給爸爸（或媽媽）的新屋頂、新車、飛機票或年節禮物等的費用買單。你的這個手足覺得你是有錢人，存款用不完——是家人們的私人銀行。
- **回應**：「這筆錢我們應該大家分攤。」或者「我沒辦法全部買單，我只能付一半（如果是真的話）。」「我最近財務也很吃緊（如果是真的話）。」「我的錢都投資在股市裡了（如果是真的話）。」
- **注意**：為了堅持大家多少分攤一些，或彼此協調出一個較公平的解決方案，「不」通常會是唯一的解答。當你開始覺得你的親人愛你的錢勝過愛你這個人時，也就是你停止資助他們的時候了。

- 138 -
你弟弟打電話給你：
「我沒錢付這個月的房租，還有信用卡。
你可以幫我付嗎？我保證，這是最後一次。」

- **發生了什麼事**：你跟你弟弟正在努力修補你們之間不太和諧的關係，而他的要求使得那個狀況雪上加霜。你會為了修補關係或為了減輕你不能夠更支持他而產生的罪惡感答應他嗎？你對他的金錢贊助是否會影響你自己的生活？你會因此很難支付自己的帳單嗎？你會因此而必須犧牲某個週末假期或已經計畫好與朋友的晚餐嗎？你們最後是否會回到過往那樣，像小孩子般爭鬧不休？
- **回應**：「很抱歉，但我現在幫不了忙。」
- **注意**：說「好」然後覺得被佔便宜，會讓不穩定的手足關係更加惡化。當你答應借錢時，請考量那樣做是否只會讓你的手足在花費上更加沒有節制。

- 139 -
「你可以借我三千美元嗎？」
你妹妹給你一則簡訊。
「我走投無路了。」

- **發生了什麼事**：你妹妹之前最後一次跟你求救，是在高中的時候借你的筆記去影印。上面這則簡訊所傳達的資訊太少，讓你不但震驚而且非常擔心。

- **回應**：「我們需要談談究竟發生了什麼事。」
- **注意**：手足所遇到的危機，會讓你覺得好像是你自己遇到的一樣。先深呼吸，然後弄清楚狀況，如此你才能在緊急紓困以外真正幫助到她。

- 140 -

妳姊姊想知道妳是否會打電話給父親並說服他，
讓他改變心意參加家族晚餐聚會。

- **發生了什麼事**：妳父親和妳姊夫曾經發生難堪的爭吵——事實上是對吼。如果妳介入，最後只會將自己捲入與妳無關的糾紛。
- **回應**：「我不會去當那個仲裁者。」
- **注意**：當家人之間發生跟你沒有直接關係的爭吵時，離得越遠越好，免得遭到波及。想要當和事佬的人，最後多半裡外不是人。

- 141 -

妳最近在臉書上放了一張在健身房的自拍照。
妳哥哥對那張無害的照片評論道：
「哇，小飛象變瘦了？」
他的評論提醒了大家對妳童年綽號的記憶。

- **發生了什麼事**：妳哥哥天生就是個瘦子，但妳卻為了維持體重而備嘗艱辛。小時候他對妳的惡劣評論，是妳最不開心的

回憶。即使你們長大後關係不錯，妳也該打電話給他，把對他的不滿說出來。

- **回應**：給他私訊：「你似乎不知道小時候你對我的嘲弄讓我有多難受。現在也一樣，我一點都不欣賞。」
- **注意**：對無情的評論忍氣吞聲或不予駁斥，並不能遏止它們。

- 142 -

妳哥哥每年都會籌辦一次家族旅行，

當妳不立即遵從他的指示時，他就會很生氣。

他每天打電話來提醒妳：

「妳必須在機票價格飛漲之前訂機票。」

- **發生了什麼事**：妳總是等到手頭有錢時才會買機票，這種不顧機票可能漲價的行為讓妳哥哥很不高興，但妳不想要機票的支出出現在這個月的信用卡帳單裡。
- **回應**：「別擔心。我們一定會準時抵達。孩子們都很期待跟你碰面。」
- **注意**：妳知道妳哥哥是好意，但妳也知道他是個控制狂。糾纏不清的人是他，不是妳。

- 143 -

這是妳妹妹今天給妳的問題：

「怎樣才能讓吉姆回到我身邊來，妳有任何建議嗎？」

● **發生了什麼事**：她每天都有一個問題或一件需要妳幫忙的事：孩子不願乖乖做功課；她不知道怎麼才能在同一個時間把兩個孩子送到不同的球場去練習；她需要一個工作；妳教她做的那道菜沒妳做的那麼好吃……她覺得她是唯一有問題的人，唯一有那麼多事要做的人。她靠妳來重整旗鼓，來傾聽她所有的不幸。她生活裡總是有一些悽慘的事，而妳總是及時給予救援，但是處理她的問題已經讓妳疲憊不堪了。

● **回應**：「沒有，我今天有自己的危機。」

● **注意**：不要花太多時間陪伴難伺候的手足，或傾聽他們的抱怨，這樣，你才能儲備情緒來處理自己的任務和問題。對某些家人，不管你付出多少都不夠！

那些「其他親戚們」！

在家族裡，你勤奮的名聲遠播。你忠於家人，且頂著家族問題解決者的光環。你負責選購禮物，送花祝賀、到醫院探病、解決技術問題、陪姑婆逛街購物並處理所有緊急事件。親戚們認為你會負責一切或搞定所有需要完成的任務。而且最有可能的是，你早已說服自己：除非你親自出馬，否則事情不會有人做。你是否經常覺得自己是家族裡那個唯一值得依賴的成年人？麻煩的是，你整個家族也都這麼認為。

對那些不如你父母、姻親及手足……那麼與你親近的親戚，你覺得有義務對他們更禮貌些。當那些「其他親戚們」特別麻煩時，你對他們的拒絕可能會讓你自己覺得不舒服——尤其是那些乍看好

像是單一事件的時候。

即使在你婉拒一項要求或改變某種傳統後，你的父母和手足可能仍會給你沒有條件的愛，但要跟那些表親、三代遠親、妯娌連襟、叔叔阿姨們維持一個正面且健康的關係，則可能有點棘手。當愧疚的紅色信號閃過你的腦海時，請務必小心。你若總是順應每一個親戚的要求，最後可能只會覺得被利用了。婉拒那些「其他親戚們」的請求並在家族裡仍然保有好名聲，不是不可能的事。

- 144 -

「我女兒緊急需要一個鋼琴手幫她的雙簧管演奏會伴奏，
你可以幫我們這個忙嗎？」你姑媽問。

- **發生了什麼事**：你仍記得小時候，在音樂表演前夕時，那種壓力有多大。你姑媽知道你鋼琴彈得不錯，而且她很自信你一定會幫你的小表妹伴奏。但你要是答應了，就得找時間陪她一起練習。
- **回應**：「不，我不是那個最佳人選。我相信你們會找到一位專業鋼琴師的。」
- **注意**：你若是答應了，就會捲入一個你並不想做且耗費時間的事情裡。

- 145 -

奈德舅舅問你：「我招待你們去迪士尼樂園玩吧！
我應該給孩子們訂春假還是暑假的票？」

- **發生了什麼事**：你舅舅想要收買你的忠誠和敬愛。那是一個你幾乎無法抵抗的禮物，但也是一個你需要付出很多倍代價的禮物。首先，在你們一起度假期間，你必須對他、他那腦袋空空的老婆以及他幾個難纏的子女畢恭畢敬。他會指揮你應該玩哪些遊樂設施、欣賞哪一處風景、同時自吹自擂地提醒你他是一個多麼棒的舅舅。

- **回應**：「謝啦，奈德舅舅。但是我們想等孩子大一點時，再帶他們去迪士尼樂園玩。」

- **注意**：你欠奈德舅舅報也報不完的恩情，並被迫容忍他的優越感的時間，將比你想像的還要長。在你接受他的禮物前，請先考量那個旅程是否值得你所有的卑躬屈膝。

- 146 -

「你最好不要帶修伊來。

我知道你們已經訂婚了，但是祖母會被你們嚇壞。」

在某個家族節日聚會前夕，

你最喜歡的姑姑（或堂姊、表兄等）很嚴肅地對你說。

「你應該知道她的態度——她無法理解那些跟同志有關的東西。」

- **發生了什麼事**：家人都知道，你是祖母最喜歡的孫子之一。但是，自從你出櫃後，她就拒絕跟你談論與之相關的事。

- **回應**：「如果我不能帶修伊來，那今年的聚會我就不出席了。他是我所愛的人，而祖母必須接受我是同志的事實。」

- **注意**：在某些家族裡，所有的人都會屈服於某位長輩的願望，而那位長輩也認為那是他應得的權力。容易說「Yes」

的家族成員會養成遵從那位長輩的習慣，但是你不需要。

- 147 -

茱迪姑姑正準備跟妳聊一聊她是如何減重的──
一公斤一公斤地解釋。
「親愛的，我一定要告訴妳一個很棒的減重食療法。」

- **發生了什麼事**：在妳自己嘗試過幾十種不同的減肥菜單後，妳真的不想在家族的歡聚派對裡跟茱迪姑姑聊什麼減重食療法了。看著她纖細曼妙的身材，妳知道她會讓妳自慚形穢（妳覺得自己壯實的身材真令人尷尬）；更糟的是，她會說服妳當下立即嘗試她的最新飲食控制法。
- **回應**：「茱迪姑姑，妳看起來真迷人，但是我們今天不談減肥的事。」
- **注意**：直接宣告「謝絕進入」，便可避開那些讓妳不開心的話題。

- 148 -

「妳去年帶來的那個傢伙怎麼了？我挺喜歡他的。」
在家族的派對裡，妳叔叔當著妳的新男友開玩笑地說。

- **發生了什麼事**：妳的家人喜歡互相吐槽，但是妳叔叔嘴巴沒把關，想說什麼就說什麼，而且覺得自己的問題無害且好玩。妳很尷尬，也很生氣。
- **回應**：「我不覺得這個問題很好笑，席德叔叔。」對他沉下

臉，拍拍他的肩膀，然後去跟其他的親戚交際打招呼。

- **注意**：直率的語言是讓不體貼的親戚閉嘴的最佳方式。如果妳不說些什麼讓他知道他太過分了，妳自己會更不開心。

- 149 -

你表哥寫了一封電子郵件給你（或在臉書上私訊你）：
「你是英文教授——席夢可以把她申請大學的論文寄給你看看嗎？
她明天就必須遞交出去了，否則來不及申請獎學金。
我現在馬上寄給你。」

- **發生了什麼事**：你知道你表哥和他的女兒一定覺得很挫折。你也知道他們可以善用那一筆獎學金。但是，下星期一學期結束前你得批閱六十幾篇論文，他們應該早一點找你。如果拒絕的話，他們會覺得你很自私嗎？
- **回應**：「我現在忙得昏天暗地。席夢的學校裡沒有老師或大學顧問在明天一早時幫她看看那篇論文嗎？」
- **注意**：他們的恐慌不是你的恐慌。如果你願意，你可以提議幫她檢查下一篇論文，但是要跟她約好，必須提前幾天給你通知。

- 150 -

「聚會時，妳和其他女孩們會跟以前一樣負責準備晚餐吧？」
妳叔叔打電話來提醒妳。

- **發生了什麼事**：一年又一年，總是一成不變：女生負責煮

飯，而男生在外面草坪上玩橄欖球。但妳一直都想加入外面
那些傢伙的活動。

- **回應：**「不，查理叔叔。事實上，今年我要穿上球衣上場痛
宰你。」

- **注意：**保持輕快的語調，但妳一定得讓他們知道：妳不會因
為性別偏見就被迫去從事他們所指定的工作。妳也可以啟發
家族裡的其他女性做同樣的事情，或鼓勵男性親戚們選擇負
責廚房的工作。

- 151 -

在得知妳的牧師無法幫妳證婚後幾分鐘，
姑婆就打電話來了。
「妳知道嗎，妳表叔的妹婿已經被任命為牧師了，
他可以幫這個忙。」她說。
「我這裡有他的電話號碼，
我只要給他打個電話，事情就可以搞定了。」

- **發生了什麼事：**妳正手忙腳亂地在準備婚禮，雖然希望事情
能順利進行，但一點都不想要請一個妳完全不認識的人把妳
嫁出去。

- **回應：**「不，但是謝謝妳打電話來。如果我們找不到合適的
人選，我再打電話給妳。」

- **注意：**過度熱心的人不會考量妳真正想要的是什麼，或妳計
畫如何解決問題，而且通常也不會詢問當事人。他們只想要
當「英雄」。

- 152 -

你姑姑過世了，而你的表哥想要購買你們家的一塊墓地。
「我們現在沒有給母親下葬的地點。
你有沒有可能賣一塊墓地給我？」

- **發生了什麼事**：你對姑姑的過世也很傷心，但是那個意外的
  要求讓你非常沮喪。你們家剩下的那幾塊家族墓地已經決定
  留給你和你的母親了，因為這樣你們就可以葬在父親旁邊。
- **回應**：「不行，我們家幾年前就已經同意，其中一塊是要給
  我媽媽，另一塊是要給我的。我很樂意幫你在同一處墓園裡
  看看是否有其他合適的墓地。」
- **注意**：敏感的時刻可能會讓人覺得是個同意緊急請求的時
  刻，但那往往不會是一個最謹慎的決定。

- 153 -

「謝謝你負責了葬禮的一切費用。
現在我需要二千五百美元來付新公寓的保證金。」
你剛過世妹妹的男友給你一則簡訊。
「還有付給搬家公司的錢。」第二則簡訊跟著來。

- **發生了什麼事**：你妹妹幾週前忽然去世，你們全家至今仍然
  處在震驚中。她同居多年的男友經濟困窘，於是向你要求幫
  忙，雖然你們彼此一點都不熟。你明白他因必須搬出跟你妹
  妹同居的公寓而很不開心，但你自己也還不知道你妹妹到底
  留有多少錢或者錢可能存在哪裡。

- **回應**：「我沒有錢幫你。」
- **注意**：當有人過世時，似乎隨時就會有人走進你家來，想要對遺產分一杯羹（如果有任何遺產的話）。有些人適當地或錯誤地認為自己似乎有權利獲得什麼，而且相信你就是那個會贊同他們所求的人。這是一個很倒楣的狀況，但是你沒有義務對每一個提出要求的人提供金融安全的保障。

- **154 -**
「星期二那天你會投票給 ×× 吧？」
你的遠房表哥在你的臉書塗鴉牆上寫道，
認定你一定跟他支持同一個政黨。

- **發生了什麼事**：在交友邀請欄接受了這個親戚後，你就發現他（她）在社交媒體上拉票的動力比你還猛。看到他的意見每天出現在你的臉書首頁，並沒有覺得太困擾，但是你的觀點碰巧與他的不同，而且你也不想涉入他所提的議題或與他公開打口水戰。
- **回應**：不需任何回應。
- **注意**：在社交媒體上，你可以悄悄地走開。假如你說了什麼與你表哥對立的言論，那你反而給了其他人在網上抨擊你觀點的機會。除非你的親戚親自登門，並對你搖著手上的競選文宣、口沫橫飛地遊說你，否則最好的辦法就是置之不理。

- 155 -

你的姪女來找你。

「你可以替我跟媽媽說情嗎？」她問。

「她對我太嚴格了，她不讓我跟喬許出去約會。

你可以告訴她應該要讓我去嗎？

如果她聽到你的意見，也許會改變主意。」

- **發生了什麼事**：你的家人只要有事就會來尋求你的意見，你很喜歡自己所扮演的角色，也視自己為一個很好的導師。但是，如果你答應姪女的請求，會不會因此與你的嫂嫂產生摩擦呢？你姪女是否在利用你喜歡扮演的角色，讓你站在她那一邊呢？
- **回應**：「我很想幫妳，親愛的，但是我沒有立場那麼做。如果妳想談談妳的問題，我很樂意傾聽。」
- **注意**：身為家族裡那個人人都來求取指導的人，也許讓你覺得自己很特殊，但有些問題由你來回應並不恰當。

- 156 -

你就知道會這樣。

你老婆才將你跟孩子們跳蹦床的照片分享到臉書上，

你就馬上接到住在附近的表哥簡訊。

「看來你們在家裡自己弄了個小型遊樂場！

我們可以帶孩子們過去嗎？」

- **發生了什麼事**：每當你買了新遊樂設施、烤肉架或高畫質電

視機，親戚們就會蜂擁到你家來，把你家當作他們自己的家。一開始，你頗高興親人們的順道拜訪，但現在你已經開始覺得自己好像變成了家族的娛樂中心兼宴會場所。

- **回應：**「嗯，今天我們想自己一家人玩。改天我們再找個下午聚一聚吧，你們可以準備孩子們最喜歡的砂鍋菜帶過來！」
- **注意：**用比較溫和而非直白的方式說「不」，就可以避免製造親戚間的緊張關係。建議對方貢獻一些東西，也傳達了人情往來需要公平的訊息。

- 157 -
「我們一起給布里安娜辦個產前派對吧！」

- **發生了什麼事：**妳想自己給布里安娜表姊辦一個產前派對，她對妳來說更像親姊姊，而不只是表姊。妳相信聯合派對會模糊妳身為她最要好、最親密的朋友的角色，而且無法讓布里安娜知道她對妳有多重要。拒絕另一個家人的請求可能會在家族裡激發一整個連鎖反應——但也可能不會。其實，在新生寶寶即將降臨的興奮中，妳的決定可能會變得無足輕重。
- **回應：**「不，我真的想自己單獨給她辦。自從布里安娜結婚後，我就一直在想著這件事。這是我非做不可的事，我希望妳能瞭解。」
- **注意：**一旦妳將主持這個派對對妳而言的意義說明白，妳就可以隨心所欲地行事了。其他人若也覺得有辦這個派對的必要，並且如妳一般堅持，那麼他們可以、也會自己辦一場。

- 158 -

「妳說不去參加吉爾在展覽館的開幕典禮是什麼意思？
她努力工作了好多年才終於能夠有自己的攝影展，
而妳竟然不去支持她？妳這個人怎麼回事？」

- **發生了什麼事**：妳的某個家人不斷騷擾妳，拒絕接受妳的「不」。妳不願出席的理由很多，從已經排定其他行程到妳根本不喜歡吉爾或她的攝影展，但是妳沒有把這些說出來，也不想捲入咆哮大賽。請盡量保持鎮靜，以免那個狀況逐漸惡化，最後令自己說出將來會感到懊悔的話。
- **回應**：「我不可能出席，就是這樣。改天我再順道進去看看她的展覽（如果妳會的話）。」
- **注意**：當壓力湧上來讓妳的決心動搖時，就對自己重覆：「我絕不屈服、絕不屈服。」如此妳便可以堅持自己的拒絕。

- 159 -

妳打開姑姑和姑丈送的耶誕節禮物，然後愣住了。
那是一件受洗禮服，顯然是給妳剛出生的女兒準備的。
「如果你們很快就要給她受洗，這件衣服就派得上用場了。」
妳的寇特妮姑姑臉上發光地說。

- **發生了什麼事**：妳和老公並不打算用你們兩個從小耳濡目染的宗教信仰，來教養你們的女兒。妳將會是家族裡第一個這麼做的人，也因此妳的決定對親戚們而言，會更顯得叫人吃驚。
- **回應**：「您太周到了，但是『不』，我們不需要這件衣服。

我們的計畫不包括給孩子受洗。」

- **注意**：對妳的選擇而言，這不會是妳第一次聽到反對的聲音，但是，當妳的宗教選擇與自己親人的不一樣時，一個堅決的「不」字，是讓他們最後接受或容忍的唯一途徑。

- **160** -

「我不曉得怎麼使用雲端，」

你的叔公在某次家族聚會時對你說。

「我不像你們年輕人那麼厲害，你可以教我怎麼用嗎？」

- **發生了什麼事**：你的叔公以為奉承你，就可以讓你接受這個你既沒時間又不感興趣，也沒精力幫忙的任務。其實連你自己都不大會。
- **回應**：「你上網就可以找到步驟指南了。它們很容易懂，而且比我能教的更詳細。」
- **注意**：雖然你屬於較理解科技觀念的世代，但那並不表示你就有責任指導他們。

- **161** -

「克莉斯汀要畢業了，

妳可以幫我選個禮物並包裝好嗎？

我不知道該送她什麼東西好。」

- **發生了什麼事**：家人都把妳當作採購和禮物包裝大師了，但妳可能真的很厲害，也可能並不真的擅長。妳自己都在為應

該給那個畢業生準備什麼禮物而傷腦筋呢！給家族裡某個親人找尋適當的禮物，實在太挑戰妳的創造力了。更重要的是，如果一個親戚可以哄騙妳幫她做採購和包裝的事，對她而言是一件多麼輕鬆的事。

● **回應**：「我不知道我們應該給她買什麼禮物，這次妳得自己決定。」

● **注意**：請拋下妳必須拯救所有向妳求救的親人這種念頭，也盡快打消自己什麼事都能做得最棒的迷思。

- 162 -

「我們想要把艾迪叔叔轉到有輔助措施的居處去，

但我們不知道從何著手。」妳的一個表姊說。

妳們已經有一年多沒有聯絡了，但是她要妳參與。

● **發生了什麼事**：她的請求隱含了許多問題：妳知道附有這種設施的機構嗎？妳有時間上網搜尋資料、致電保險公司、收集一些老人照顧書籍，並探查這類住處嗎？親戚們都知道妳富有熱忱，會主動提供有用的點子和資訊。

● **回應**：「我對那方面也不熟悉（如果是真的話）。」或者「我們以前替父親（母親、叔叔或嬸嬸等）處理這方面的事情時，有過很糟糕的經驗，我恐怕幫不上忙（如果是真的話）。」如果妳知道有誰可以幫忙，就跟對方推薦那個具有經驗或知識的人。

● **注意**：請練習妳的自制力，否則妳會發現自己最後變成那個全權負責重新安頓艾迪叔叔的人。

- 163 -
「你會幫你表姊當婚禮攝影師吧？」

- **發生了什麼事**：這個要求可能是某位阿姨、嫂嫂或新娘的媽媽提出來的，因為她們以為你會喜歡這個恐怖的委託。你照片是拍得不錯，但並非專業攝影師──你沒有備用相機，也沒有助手幫你打光。拍照只是你的興趣，偶爾當作禮物贈送親友而已。仔細思考這個狀況：當新郎正要餵你表姊第一口結婚蛋糕而你的電池碰巧沒電了，這時你該怎麼辦？夠緊張吧？而且，你哪有時間跟大家聊天或跳舞？假如你想要為表姊做些有創意的事，可以幫她裝飾結婚禮車或給她寫一段獨特的祝辭。
- **回應**：「不，那不是我能肩負的責任。」
- **注意**：當完美表現的要求很高且責任超重時，請建議你的親戚聘請一位「真正的」攝影師或適當的專業人士，來做那件重要的工作。

- 164 -
「我需要妳幫我一個大忙。」妳姑姑開口說。
「我女兒可不可以在妳家住一段時間？她找到工作就會搬走。」

- **發生了什麼事**：妳最後一次跟妳表妹互動，是在妳十六歲生日派對上的事了。妳姑姑的要求讓妳覺得壓力很大。假如妳答應，她們一定會樂壞了，但妳知道妳表妹有可能會在妳家住好幾個月，而那讓妳覺得慍怒。

- **回應：**「我很樂意幫她找工作，但是她不能住在我家。」
- **注意：**當妳為了讓別人高興而以自己的自由為代價時，妳的
  內心可能就會醞釀出怨恨的感覺。

- 165 -
「你們會晚一年讓威爾念幼稚園吧？」
你弟妹問道。

- **發生了什麼事：**透過問題的偽裝，你的某個妯娌、叔嬸或表
  親在並未提出要求的情況下想給你下指導棋。這個親戚在暗
  示，你兒子的能力不足以應付學習，使得本來對你而言就很
  困難的決定變得更加困難。
- **回應：**「我們尚未決定要怎麼做。」
- **注意：**親戚們似乎總覺得他們有權力給你教養孩子的建言。
  忽略那些意見吧，不然，你對自己教育子女的方式就會搖擺
  不定。

不，親愛的

　　拒絕所愛的人跟拒絕父母親一樣，困難度都很高。對這些人你
有相同的感受：你想要陪著他們、不想令他們失望，你在渴望讓他
們高興和為了讓他們高興而弄得自己不高興之間載浮載沉——多半
是因為你對他們的要求感到猶豫或缺乏熱情所致。由於許多情人都
是藉由科技，例如訊息或電子郵件來溝通，因此有極大的空間產生

可能導致衝突的下意識反應或誤解。

對配偶或伴侶說「No」，是一種掙扎，因為當你愛著對方時，你就比較容易屈服。當然，你會說「Yes」，也有可能是因為你想要避免爭吵，或因為你花比較多的時間在工作和孩子身上，所以想做補償，又或者因為你相信說「Yes」會讓彼此的關係更深厚。但從另一方面而言，當你落入總是說「Yes」的模式時，你們之間的關係不但會變得失衡，你也會陷入持續的挫敗感中，那樣的關係反而危機四伏。現在，是你學習將心裡的話大聲說出來，並讓兩人的生活更加對等的時候了。

- 166 -
你老婆給你簡訊：
「我快到家了，開始準備晚餐吧！」

- **發生了什麼事**：你是在家上班，而你老婆不是。她已經逐漸把那視作你應該準備晚餐的理由——即使你的工作量跟她的一樣重。那一則簡慢、命令式的簡訊，讓你覺得好像唯一的選擇就是順從。
- **回應**：回她簡訊：「不行，我現在很忙。妳可以買晚餐嗎？或者我們叫外賣？」
- **注意**：如果你們的模式幾乎一直都是你在準備晚餐（洗衣、洗車等），請打破它。準備食物或做家事的方式有很多種。

- 167 -

「我愛妳。

我們雖然認識不久，但我想要妳嫁給我。好嗎？」

- **發生了什麼事**：在幾個月旋風式的熱戀後，妳愛上了他。妳覺得你們也許可以相愛一輩子，但第六感告訴妳，現在就要給對方那個改變一生的承諾，似乎有點太早了。再者，他有一些妳不確定是否能夠包容的個人怪癖。
- **回應**：「我也愛你，但請給我一些時間。」
- **注意**：任何承諾的保留都是嚴肅的，也因此值得拖延。如果那個男人（或女人）催促與其共度一生的提議讓人覺得困擾，那麼就延後回答那個大問題。改變生命的重大決定，是允許被延宕的。

- 168 -

「妳今晚可以早點回家嗎？

取消妳的晚餐會議吧！我們都沒時間好好相處了。」

- **發生了什麼事**：妳同意另一半的話。雖然妳也很想早點回家，但妳若屈服於他的要求，就得踢自己屁股。晚上的會議非常重要。
- **回應**：「我也很想你。我知道很難解釋這個案子為何會耗費我這麼多的時間。等這個計畫完成後，我們一定給自己安排一個特別的週末。」
- **注意**：切勿讓你們的談話升溫成防禦性的爭論，或控訴對方

不瞭解你工作的艱難和辛苦。

- 169 -

當妳坐下來吃早餐時，老公已經目不轉睛地在玩手遊了。

「哦，不！我得趕快傳簡訊給朗恩。

他一定不相信我剛剛有多厲害！」他說。

- **發生了什麼事**：每次用餐時，妳老公的手機就放在他的刀叉旁。他的眼睛永遠黏在上面，從來沒有看著妳或直接跟妳說話。一開始妳不介意，但是他的沉迷已經讓妳覺得你們根本不像一對夫妻了。妳知道那個遊戲對他很重要，但他的沉迷讓妳很不開心。
- **回應**：「我們至少可以先吃早餐吧？我不想坐在這裡沒人理睬，只能跟我的麵包講話。」
- **注意**：當妳把手機放到一邊並開始跟伴侶談話時，絕對無法想像會發生什麼事——你們也許會分享許多驚奇的訊息或親密感。有可能妳的配偶太沉迷了，以至於不瞭解妳覺得受到忽視並感到孤單。研究人員在調查手機的「不當使用」時發現，使用者自己也覺得，當他們停止與人面對面溝通並無禮或不恰當地將目光轉向自己的手機時，與他人的社交性連結便會變得比較少。

- 170 -

「老婆，妳今天購物的時候，順便幫我買高爾夫球。」

- **發生了什麼事**：妳是一名完全為家庭犧牲奉獻的主婦，並不會抱怨丈夫打高爾夫球——雖然他打球的次數比妳樂意的次數多，害得妳必須負擔所有照顧孩子和處理家事的責任。要求妳幫他買高爾夫球，簡直就是在妳的傷口撒鹽。
- **回應**：「恕難從命。」
- **注意**：無論妳有多愛妳的配偶，妳都不需要幫他購買只會鼓勵他更缺席家庭責任的裝備或設施。

- 171 -

「哇！民眾對發生在華盛頓的那件爆炸性新聞真的群情激動，」
你的老婆說，一邊滑著手機上的報導。
而你正準備跟她出門，共度已經計畫了一整週的晚餐約會。
「你想看嗎？」

- **發生了什麼事**：你們兩人都同意那個夜晚只屬於彼此。但隨即她就兩眼盯著手機，像平時那般分心。
- **回應**：「那則新聞跑不了！咱們都關機吧。把注意力放在彼此身上。我已經在妳最喜歡的餐廳訂位了。」
- **注意**：一個憤怒的「不」可能只會將她推得更遠，反而不利於你們最需要的私人對談。找一個溫和的方式跟她強調：今晚不准黏著手機。

- 172 -

「為什麼妳在臉書上仍然跟德瑞克是朋友？」妳老公問。
「我覺得那很奇怪。請妳把他刪掉。」

- **發生了什麼事**：妳老公跟他的前任女友們從不聯絡，因此無法理解為什麼妳跟妳的前任男友仍然可以保持友好關係。對妳而言，妳跟前男友的關係不過都是老掉牙的歷史，但是，不管是什麼原因，妳想跟他保持聯絡。妳很疑惑：老公是不是反應過度了？他吃醋了嗎？
- **回應**：「我們在網上幾乎沒有互動。我已經嫁給你了，而且，你知道的，我對你百分之百的忠誠。不必刻意跟德瑞克切斷在社交媒體上的聯繫。」
- **注意**：如果一切都已經過去且不再有任何情感的依戀，那就請跟妳的配偶保證他無需有任何嫉妒的理由。

- 173 -

前夫請求妳打電話給他母親，跟她說說她的一個毛病。

「妳比誰都更清楚她的那個問題。」他說。「妳可以勸勸她嗎？」

- **發生了什麼事**：能跟前夫（妻）保持聯絡是很令人欣賞的事。妳喜歡他的母親，並且跟她處得非常好。然而，即便妳很想念她，跟她談話卻只會讓妳想起分手的悲傷和曾經受過的痛苦。妳早已經展開了新生活。
- **回應**：「我沒辦法。跟你媽媽談話會引起我太多的回憶，我希望你能理解。」
- **注意**：當睹物思人會令妳你痛苦時，就應該斬斷跟前任的關係，包括與他父母的談話。

- 174 -

「我爸媽今年會來我們家住兩個星期，那對妳來說不是問題吧？」

- **發生了什麼事**：不管是什麼客人，一星期似乎是妳所能接受的極限。妳的公婆要來住兩個星期，無論妳有多愛他們，都可能讓妳心力交瘁：準備額外的餐點、下班回來還要維持特別的禮貌等等。更要命的是：妳跟公婆的相處比起妳老公跟他自己父母的相處還要好——不用兩天，他們就會互掐起來了。因此，妳的任務清單還包括當他們的和事佬。
- **回應**：「你瘋了嗎？不，他們不能待那麼久——而且，那是個問題，是個大問題！」
- **注意**：那也是妳的家，妳有權力決定誰來做客、能住多久。

- 175 -

「拜託，妳真的得把妳的書清一些出去，
它們佔掉太多空間了。」

- **發生了什麼事**：妳老公是個無可救藥的清潔狂，而妳的書已經快要讓他精神崩潰了，他認為妳的收集癖已經失控。
- **回應**：「我不曉得從何整理。我離不開我的書（我需要所有的工具、我喜歡我的每一樣收集品等）。」
- **注意**：對妳而言，多年累積起來且數量不斷增加的收藏品，代表著妳的生命。妳有權力保有妳的寶貝。如果妳強調它們的重要性，那麼你們夫妻也許可以達成某種協議，如此既能保留妳所有的收藏，又能將它們做較好的規畫整理。

- 176 -

「你看普莉雅家新生的小狗！」

你老婆說，拿手機給你看螢幕上的照片。

「我想要一隻。她早上把照片上傳後，已經有四個人向她要了。
我們可以跟她要一隻嗎，拜託？」

- **發生了什麼事**：你們對養狗有不同的看法。雖然你們兩個都是愛狗人士，但是，似乎只有你明白你們夫妻都是一天工作十二個小時的人，而那對寵物來說，不是合格的主人。不過，你知道你們早晚還是會養狗的。
- **回應**：「我們的工作都需要投入大量的時間，現在養狗的話，牠就會太孤單了。再看看吧，等你或我的時間比較有彈性，或我們可以在白天找到人幫我們遛狗時，我們再考慮。」
- **注意**：不要害怕把你們現實的狀況引入一個否決的回答裡。

- 177 -

「妳可以去餵班迪特嗎？」

- **發生了什麼事**：妳每晚都要餵飽全家還不夠嗎？你們決定養狗時就說好了，妳只負責餵飽兩腳動物，而家裡其他人則要餵「全家的狗」。
- **回應**：「不，我們早就有過協議。」
- **注意**：簡單的要求，尤其是那些幾分鐘就能完成的任務，最是棘手。妳只要同意一次，那麼每晚餵狗的工作，還有清理魚缸及洗碗盤等，就可能永遠成為妳每日既定的工作了。

- 178 -

「我們快整理好了，只剩下四大箱。
妳可不可以等我們把最後這幾箱整理好後再休息？」

- **發生了什麼事**：妳已經連續整理兩天了，腰酸背痛、雙腳浮腫、手臂痠麻，而且已經餓得前胸貼後背了。如果妳不能坐下來休息十分鐘，那可能就要累得嚎啕大哭了。
- **回應**：「我現在正在休息。」
- **注意**：向對方說明「這是我正在做的事」，可以讓他瞭解妳不是在尋求他的允許或贊同。由於妳並不是在提出一個要求，所以他就不能拒絕妳做當下想做的事。

- 179 -

「我爸媽要我們在聖誕節時回家過節，
麻煩妳安排一下往返行程。」

- **發生了什麼事**：多年來妳都很開心地跟他的家人過聖誕節。但現在，妳厭煩了旅行的擁擠和攜家帶眷的辛苦。如果可以在聖誕節的早晨待在自己家的客廳裡，那是一件多麼輕鬆愉快的事。若能跟自己的朋友在聖誕假期裡一起歡度，那又會多麼令人開心愉悅！
- **回應**：「我們今年待在家裡吧，邀請你父母來我們家過節。」
- **注意**：對於那些會改變傳統儀式的決定，態度不要猶疑不定。你可以建立新的傳統，而且請你的配偶，而非你自己，告訴他（她）自己的父母。

- 180 -
「我想看這場球賽的最後一局。
妳可以把牛排放到烤肉架上嗎?」

- **發生了什麼事**:每個週末,整個週末,他都要看球賽。運動事件和競賽一天二十四小時都在轉播,怎麼可能每一場比賽都如此重要,以至於妳都是在無人幫忙的情況下準備三餐呢?提示:這都是妳縱容出來的。
- **回應**:「告訴我你什麼時候有空,我可以等。」
- **注意**:在妳回答前,先給自己一點時間控制好情緒。一旦妳表達了意思,他就明白了。如果妳覺得餓的話,就先吃幾塊餅乾。

- 181 -
「在客人們到來前,請妳把這些紙屑弄走,
把廚房的流理臺擦乾淨。」

- **發生了什麼事**:妳老公對清理混亂的流理臺有一種病態的執著,最不喜歡被朋友看到廚房亂七八糟的樣子。但不管是誰製造的混亂,妳都是那個清理的人。
- **回應**:「不,你也能夠把它清理得很乾淨。我得去化妝換衣服了。」
- **注意**:只要妳開口,「老狗」也能玩出新把戲。

- **182** -

「我們辦公室要給高階主管舉辦一場假日派對，
並邀請他們的配偶或伴侶參加。
妳要來嗎？」

- **發生了什麼事**：妳所有的不安全感可能全部浮上了檯面：我
要跟我老公的同事聊什麼？我應該穿什麼樣的衣服？妳寧願
待在家裡。打起精神然後參加一個妳覺得害怕的聚會，那樣
的壓力太恐怖了。
- **回應**：「不，我真的不想去。」
- **注意**：妳的缺席不太可能會影響妳丈夫的工作。

- **183** -

「我晚一點可以帶朋友們回來嗎？」妳老公傳簡訊給妳。
「我保證我們不會太吵。」

- **發生了什麼事**：拒絕。他是以為妳會因為太忙碌而一時忽略
了他簡訊所傳達的意思。
- **回應**：「最好不要。他們要是過來了，我會不高興。」
- **注意**：妳以前就警告過他了。

- **184** -

「妳可不可以趁我出差期間，把遊戲室整理一下？」

- **發生了什麼事**：妳知道妳比家裡任何一個人都可以把東西整

理得更快更好,但是整理遊戲室(或車庫)應該是全家總動員的事。請抵擋自己想要承擔一切的衝動,即使那混亂快把妳逼瘋了。

- **回應**:「不行,大家都要幫忙。我們可以等你出差回來後,再全家一起整理。」
- **注意**:妳已經被洗腦了,全部自己做可不是一件容易的事。除此之外,強制性的事總是讓人覺得精疲力竭。向外要求幫忙是一種成熟的象徵。

- 185 -

「我真的覺得我們應該生小孩了。」妳老公說。

- **發生了什麼事**:你們夫妻都正好在事業的爬坡期。妳同意一定會生小孩,但他最近卻一直在催促妳。
- **回應**:「現在時機不恰當,我們再等一兩年吧。」
- **注意**:延遲到三十歲後才生育第一個小孩的婦女,不僅在已開發國家中越來越多,而且研究也顯示,三十歲之前就生育第一個孩子的年輕婦女,其事業容易處於劣勢。至少等到三十一歲後才生育,可以顯著降低婦女終生收入可能的損失。

- 186 -

「我爸媽下午會過來。」妳老公宣佈。
「妳自己說他們可以幫忙帶小孩的,沒問題吧?」

- **發生了什麼事**：新生兒降臨了，妳的公婆（或父母）也到來了。每個人都很興奮，都想來探望你們。但訪客太多，妳累壞了。
- **回應**：「絕對有問題！我們自己需要時間來調適一切改變，請告訴他們，過幾天再來。」
- **注意**：即使妳一輩子都跟父母很親，妳的忠誠也應該屬於配偶或伴侶。請尊重他的意願。

- 187 -
「給我五分鐘！我得去看看最新的提案。」
你老婆一邊說，一邊跑上樓要去查看她的電腦。

- **發生了什麼事**：在你已經為你們每週一次的家庭電影之夜準備好爆米花和熱巧克力時，你老婆聽到了新郵件進來時那熟悉的「叮」聲。她正在為一個要求嚴苛的案子忙碌，但在一整週每天都加班後，你希望她能為你和孩子們抽出一兩個小時相處的時間。
- **回應**：「我們整個星期都見不到妳。今天是週末，妳那件案子可以等一兩個小時，讓我們看完一齣電影吧？」
- **注意**：讓她知道你和孩子這一星期都很想念她，並且想要她陪你們，這樣就不會顯得你在對她下命令，或者看輕她的工作。

- 188 -

「我給洛基多報了兩期的游泳課。」你老婆跟你說。

- **發生了什麼事**：你的妻子幾乎是奧運級的游泳健將（田徑、
  體操或籃球選手等），而且她下定決心，一定要培養你們的
  兒子，讓他將來去參加奧運，替她贏取她自己無緣獲得的榮
  譽。
- **回應**：「妳真的覺得這是明智之舉嗎？我完全不贊同這樣逼
  迫孩子。如果妳把他逼得太緊的話，他對這個運動反而會產
  生排斥。」
- **注意**：沒錯，你不能把孩子當作自己的化身來養育，或希望
  他（她）將來為你贏得你仍然渴望的榮譽。

4 | **與子女之間**：放下愧疚

不管你的子女還在學步、在青春期，或已經成年，他們似乎總是想從你身上索取或需要某些東西。而且，他們常常「現在」就要！有時候你甚至覺得孩子的想要或需要，會以不同且強索的方式在每一個清醒的時刻綁架你。「載我去、給我買、讓我做、幫我做⋯⋯」多數父母在無法讓孩子快樂時，都會覺得愧疚，而說「不」只會強化他們的愧疚感。

對許多父母而言，對子女說「No」讓他們感覺不對勁，父母想要——甚至堅持——對孩子說「Yes」，已經到了傷害他們自己和子女的地步。沒有能力拒絕孩子已經造成了一個廣泛且戲劇性的變化：從父母主宰一切，演變成孩子主導父母的生活。我們已經創造了一個「孝」子的文化。其結果就是：父母覺得精疲力盡、壓力龐大、被踐踏、自己的需要被放在了次要的位置上等等。

請面對現實：當你總是把孩子擺在第一位時，你的生命就會變得比較困難。在養兒育女的千百種固定任務中，要後退一步並思考自己是否是個只會說「Yes」的父母，實在是一件深具挑戰的事。

測驗 | 身為父母，你說「Yes」的程度有多嚴重？

假如你的生活反映了以下大部分的情況，那麼你就應該加強自己說「不」的能力了。

1. 你家至少有一個房間看起來像是一家電腦或玩具店。
2. 你知道你兒子最喜歡的餐廳裡所有服務生的名字，以及他們的個人相關資訊。
3. 你家客廳比較像是一個相撲場、捉迷藏的地方或手工藝品製作坊，而不是一個大人們可以聊天放鬆之處。
4. 你女兒的十六歲甜蜜生日派對，幾乎跟你當年的婚禮一樣豪華奢侈。
5. 你會在週六晚間開著車四處來回接送你的孩子和他的朋友們。
6. 你八歲的兒子熬夜看電視，幾乎能覆誦脫口秀裡的台詞。
7. 你那十來歲的孩子，手機上網的費用比你去年一整年的治裝費還高。
8. 你的孩子擁有他最要好的朋友所擁有的一切，包括每一件外套、玩具及所有的小玩意兒等。
9. 你家有三條狗、兩隻貓和一缸金魚——而不知怎麼的，你變成了那個負責遛狗、清理貓砂和給魚缸換水的人。
10. 你那已經成年的兒子最近向你借錢去買一輛新車（付新公寓訂金，或投資朋友的生意等）。

　　在以上的測驗中，假如你的「是」遠超過了「不」，那麼你可能需要多做一點設限的動作了。撫養子女是一個永恆的課題，你將有幾十年的時間會說（或應該說）「No」，因此，放下你的愧疚吧。當你的子女成年後，他們自會找到比你的拒絕更能讓他們在你身上挑錯的地方。

有些人宣稱說，取悅子女讓他們自己感到快樂；在某種程度上，那並無不妥。然而，說「不」給父母打開了自由的大門，讓他們不會覺得過於被掏空，並更能享受擁有子女的喜悅。說「不」，是為了減少麻煩、口角，而最終，是為了養育出體貼、負責、懂得尊重的子女。你的孩子將來甚至會感謝你的「不」所給他們帶來的學習。

父母為何會說「Yes」

對孩子說「不」，有時意味著要忽視一般人養育「明星」子女的愛好——一個當下盛行的傾向。說「不」所衍生出來的，可能是必須放棄想要與朋友、親戚及鄰居們並駕齊驅的那種渴望。有時你甚至覺得，似乎你所認識的每個父母都會對子女說「Yes」，而你是那個唯一的頑抗份子（你的孩子也會努力讓你有那種感覺）。辨識自己的動機有助於打破那個縱容的「Yes」循環，並給予自己以不同的方式往前邁進的自由。

有時我們覺得自己正在剝奪子女迫切渴望的某種東西——一個玩具、與朋友相處的時間、一筆金錢方面的借貸等。我們覺得愧疚；然而，我們不應該那麼覺得。仔細檢視自己身為父母下定決心時的那個動機，可以讓你在說「不」時較為心安理得。請務必克服那種你覺得自己的子女是那個唯一沒有獲得球賽獎杯、不能參加某個派對，或未曾到某新開幕遊樂園玩耍的孩子的罪惡感。

為什麼你會成為一個總是說「Yes」的父母：

- 為了減輕你因沒有時間與孩子相處而生的愧疚感。
- 為了複製你自己的父母曾經給予你的縱容和利益。
- 為了與你自己的父母教養你的方式背道而馳。
- 為了彌補你自己童年時無法滿足的願望。
- 為了讓子女喜歡你，並以此贏得他們的心和贊同。
- 為了維持和諧，因為你一秒鐘都無法容忍看到自己的孩子不快樂。

在你答應子女的要求前，請先回想：你的「Yes」，是否是你對自己年少時可能曾有的經驗的一種反應，或者你的同意或否決，是你如今身為父母所想做的？

以「No」教養子女的益處

父母都希望秉持中間立場，在給予子女堅強指導的同時，仍能展現溫暖和關愛，權威而不獨裁。你不需要當個只會說「Yes」的父母；當然，你也不想要子女懼怕你。最適當的平衡就是，父母在掌控的同時，又能以一種不帶威脅或羞辱的態度，對孩子尊重地說「No」。如何當個模範父母，並沒有普世的標準。你會犯錯，但是，你可以在決定你認為對孩子最具成長助益的教養方式的同時，給予他們自我選擇的空間。

子女可能會將你的拒絕視作你對他們的不支持，當然，事實並非如此。你不想要破壞孩子們的心靈或熱情，但你也希望他們能學會辨識並尊重界線。你的決定會強化你所灌輸給他們的價值觀和信念。

父母的許多拒絕其實是子女學習的契機，有策略的拒絕會約束

任何年紀孩子的自以為是，讓他們明白不是所有的事情都得照他們的意思來。父母的拒絕有很多正面功能，例如幫助孩子面對失望、強化他們的適應力、磨練他們的決策力等，這些都是他們在未來人生裡亟需的生存技能。當你一旦瞭解「不」對父母子女雙方都很有益時，你可能就會更經常地使用那個字了。

將來，尤其當孩子成長後，以「No」教養子女的父母偶爾也可以、且應該借用「Yes」或協商的方式同意孩子的請求，當孩子的請求合理，或在孩子根本沒預期你會同意時，給予一個意外的「Yes」。偶爾的或意外的「Yes」，有助於緩和孩子所一直體驗到「不」。

在你屈服前，先仔細思考真正牽涉於事件中的所有細節。說「Yes」是否會導致花更多的時間在交通上、更多意外的開銷、更多需要清理的混亂，或因孩子上床的時間太晚，而使得他們第二天精神不濟且難搞？

訓練場：學齡前

教育年幼子女時，多數父母偶爾得面對不討喜、挑釁的行為：哭訴、頂嘴、發脾氣或敵對情緒等。年幼的孩子會用行為不端來考驗你的愛和底線——那是他們會做的事。為了安全，父母需要介入孩子不遜的行為，並向他們說明界線或建議其他選擇，以便教導他們哪些可以被接受、哪些不能再犯。

結合堅定的立場和安撫，可以幫助年幼的孩子處理超過他們理解範圍的情緒和狀況。「不」這個字很多時候無效，但是，你應該持續嘗試。將孩子的幼年時期視作他們社會化的訓練場，以及未來

人生中與人和平共處時的演練舞台。

設定界線可以提供孩子們行為的準則和工具，讓他們能夠在家庭以外的場域派上用場。單就這一點，你便應該積極地嘗試。在這一路上，請發揮你的幽默感和多一點耐心：兩者你都需要。當孩子幼小時，讓你很生氣的一些事件，多年後可能都會顯得很好笑。下面是你可能會遇到的困難和對付它們的方法、一些界線以及「拒絕」對孩子的成長有哪些效益的解釋。

- 189 -

你發現你兒子在廚房裡，

腳下是一堆你很明確告訴過他絕對不能碰的瓷器的碎片。

「不是我打破的！」他大吼，然後企圖逃走。

- **發生了什麼事**：你很憤怒，你的孩子打爛了你最昂貴的收藏之一，你的立即反應是斥責他。請控制自己，如此你才能盡量溫和地反應。
- **回應**：「我很不開心你打破了那件瓷器。我相信你一定覺得很難過，我也知道你不是故意的。我愛你，但是我不容許你摔東西，尤其是我告訴過你不能碰的東西。」
- **注意**：你可以讓你的孩子知道，你因為他的行為所造成的後果或可能造成的後果而覺得生氣或挫折。最重要的是，你區別了孩子和那個事件：讓他明白雖然你不喜歡已經發生的事情，但你仍然愛他。

- 190 -

「把她送走，我不要她在這裡。」妳三歲的女兒哭叫道。

她很用力地踩著嬰兒的腳，

指著妹妹的手指頭幾乎戳進她的眼睛裡。

- **發生了什麼事**：妳較大的孩子很合理地氣餒了：她不再是家裡的女王。對於新生兒的來臨，妳以為已經給她做了很好的心理準備；然而，妳目睹了未曾預料的最真實的悲傷、妒忌和不屑。
- **回應**：「妳可以告訴媽咪妳很不開心，但妳要答應我在寶寶旁邊時會很小心。妹妹哪裡也不去，她是我們家的一份子。有了妹妹並不會改變媽咪和爹地對妳的愛，我們有很多的親親和抱抱和寵愛要給妳們兩個。過來，媽咪教妳怎麼照顧妹妹。」
- **注意**：妳的大女兒流露了她被妹妹取代的強烈情緒，她覺得失去了父母的愛、或沒有像新妹妹那般受寵愛。請多花一點時間跟大女兒獨處，委託給她照顧妹妹的真正任務，告訴她寶寶需要她，並向她保證妳很愛她，如此便可以減緩她的恐懼和難過。妳也可以在她面前對著別人讚美說，她是一個多麼棒的姊姊。

- 191 -

「妳也要餵我！妳總是餵妹妹，都不再餵我了。」

妳三歲的兒子哭鬧說。

- **發生了什麼事**：當妳正忙著照顧一個什麼都不會的幼兒時，妳那個較大的孩子卻要求妳餵他、想要也用奶瓶喝奶，或甚至尿褲子、打翻東西等——這些反應並不奇怪，因為較大的孩子覺得自己被忽視了。你要向他保證：這樣的情況不會一直持續下去。
- **回應**：「寶貝，你還記得我以前餵你的時候嗎？我有餵你，而且我們都很開心（跟他提一兩個好笑的事件，如果妳記得的話）。」或者「太棒了，我不用再餵你了，那表示你長大了，我跟爹地都為你感到驕傲。我沒辦法同時餵你和妹妹，妹妹很快也會長大，跟你一樣會自己做所有的事。你可以幫我教她嗎？」
- **注意**：當年長的孩子出現降齡行為時，父母就要以其他的方式給予較多的關注（睡前為他多讀一則床邊故事，或給他一些因為年紀較大而可以享有的特權等）。這會讓他知道，他在這個家裡有一個特殊的地位。

- 192 -

「可是我很乾淨，我今天沒有弄髒自己。班尼今晚不用洗澡。」
你的兒子告訴妳說。

- **發生了什麼事**：你家小子認為自己有最終決定權。還早呢！
- **回應**：「我知道你覺得自己很乾淨，你看起來也似乎很乾淨，但你沒有乾淨到亮晶晶。讓我們假裝你在沙坑裡玩了一整天，而現在我們要把你洗刷得像天空裡的星星那般閃閃發光，你做得到嗎？」

● **注意**：睡前洗澡和刷牙的常規有助於孩子建立安全感，並能避免家裡陷入父母必須整天督促、堅持的混亂局面。最重要的是，給孩子從小建立生活常規，有助於你灌輸他們良好的衛生習慣。

- 193 -
「你答應我今天會帶我去動物園的！」
你四歲的兒子揮舞著雙手捶打你。

● **發生了什麼事**：你的立即反應是抓住你兒子的雙手制止他，你被他處理自己憤怒的方式嚇壞了。可能的話，請走開一下直到你能控制自己的情緒。然後蹲下來平視你的孩子，跟他說話，把他放在你的腿上，或雙臂緊抱著他來安撫。這一招不一定有效，但值得嘗試。

● **回應**：「我知道你很不開心，但是打人（或踢人）不能改變事實。讓我們一起想想你有沒有其他方式可以告訴別人你有多生氣。」

● **注意**：大部分的幼兒在很激動時都不知該如何做。告訴你的孩子，他可以生氣，但給他打人以外的其他宣洩方式：大叫、數到十、跺腳等。跟他一起練習，並提醒他：打人是不被允許的，無論讓你難過的是媽咪、爹地、妹妹、哥哥或朋友，打人都會傷害到他們。

- 194 -

「這是我的玩具！媽咪給我的。」

你的小兒子尖叫道。

「媽咪沒有給你。她給我們兩個，說要我們一起玩。」

妳的大兒子大吼，一邊用力拉扯著玩具。

- **發生了什麼事**：當孩子一起玩耍時，爭搶玩具是最普遍的衝突，尤其當他們的年歲相近時。每個孩子都強調自己的所有權並看向父母以尋求認同，至於究竟誰擁有玩具，並不會有所不同，甚至連你自己也不記得玩具到底屬於誰。

- **回應**：「如果你們搞不定如何分享玩具，那我只好把它沒收。就這麼決定！你們打算怎麼做？」

- **注意**：你的孩子玩具多到已經滿出箱子了，但他當下就是要那個兄弟或姊妹正在玩的那一個。鼓勵他們自己解決紛爭，可以幫助他們發展將來與同儕間一定需要的解決衝突技巧。一般而言，孩童的分享的能力要到他們三或四歲時才會完全發展。

- 195 -

妳告訴四歲的兒子你們必須離開遊樂場了。

「我不要離開！！！！」

他尖叫，然後躺在地上打滾。

- **發生了什麼事**：當孩子正開心地專注於某項活動時，要他放手是他無法理解的事情。他很生氣，而那個感受，跟其他情

緒一樣，都應該被認同。

● **回應：**「我知道你很生氣，但我們必須離開了，我們再找其他時間來玩。」

● **注意：**當你的孩子尖叫，而你也感覺到被其他聽見的大人批判時，你可能會想要屈服，但請堅持你的立場。如果你不制止孩子的話，他們就會學會欺壓你、霸凌你。雖然孩子霸道的行為不能被接受，但你可以替他表達他的感受，如此他便可以學習解釋自己的情緒。

- 196 -
「我不要吃那個。」你的孩子抬高下巴說，
好像你擺在他面前的是狗食。

● **發生了什麼事：**許多小孩都很挑食。你明白那個問題，因此特意在他的盤子上準備了一些他喜歡而且可能會吃的東西，但他並不感激妳的努力。

● **回應：**「我知道你對我準備的食物不滿意。吃你想吃的吧，但今天的晚餐就是這些。」

● **注意：**孩子通常不會讓自己餓肚子，因此當他挑剔或批評你的食物選擇或烹調時，你的態度要強硬。如果你在家裡每一個人的每一個抱怨之後，都配合地為他（她）煮不同的東西，那還不如去當個專業廚師算了。

- 197 -
「瑞德把沙子扔進我的眼睛裡！」
你的孩子的同伴尖叫說。

- **發生了什麼事**：孩子們在沙灘上或沙箱裡安靜地蓋城堡。你的兒子態度惡劣地想要辯解說，是他的朋友先動手的。
- **回應**：「我不管是誰先動手的，我們不可以把沙子扔到別人身上。如果有人把沙子扔到你的眼睛裡，你有什麼感覺？」
- **注意**：要求孩子站在別人的角度思考事情，可以讓他們盡早學會同理心。學齡前的幼童或剛學步的孩子，就已經能夠理解別人也是有感情的。父母可以藉由詢問孩子如果他們是那個受傷害的人，心裡會有何感受，來強調這個學習。

- 198 -
「那個遊戲很蠢，你也很蠢。
如果你不蓋高塔的話，我就不跟你玩了。」
你聽到你兒子在跟他的一個同伴吵架。

- **發生了什麼事**：孩子有時對彼此很惡劣，當爭吵或叫罵快要變得不可控制時，父母就必須介入。
- **回應**：「你們兩個，不要再叫了！我知道，你們一個想蓋高塔，另外一個想打遊戲。」
- **注意**：對幼童來說，理解別人有不同的想望，是不容易的。你一旦認知了兩個孩子的願望後，就可提出選擇：例如多少時間做其中一個孩子想做的，然後同樣多少時間做另外一個孩子喜

歡的。如果這樣的協調不成功，那就讓他們暫停，先吃一些點心或把孩子帶到外面去，讓他們完全脫離那個情境。

- 199 -

「妳說可以在晚餐前跟我下棋。拜託，我都準備好了。」

- **發生了什麼事**：妳沒料到要做的事情那麼多，就答應陪孩子下棋，但準備晚餐用掉了比妳預期更多的時間。
- **回應**：「親愛的，我知道你想玩，但我必須先做好晚餐。你要有耐心，如果我們不能在晚餐前玩，可以在晚餐後或明天再玩。」
- **注意**：這是一個好機會，妳可以藉此要求孩子盡他的一點小力量幫忙妳準備晚餐，擺餐具或遞食材等。不管是不是在外面上班，父母常常因為覺得自己陪伴孩子的時間不夠多而覺得歉疚，即使現在的父母花在孩子身上的時間，已經是 1960 年代的父母的兩倍了。

- 200 -

「時間到了。」妳告訴兒子：「給我。」
孩子強烈高亢的尖叫聲以及緊抓遊戲機不放的樣子把妳嚇到了。

- **發生了什麼事**：妳家小子以為，只要他的樣子夠惡霸，他就可以多玩一會兒。然而妳一旦屈服，就得承擔設下前例的風險，而他也會以為：只要他頑強抵抗且抵抗的時間夠久，就可以予取予求了。

- **回應**：「你聽好，如果不在十秒鐘內把遊戲機交給我，那你明天連玩都別想玩。」
- **注意**：研究已經明白顯示：螢幕的過度使用會刺激孩童的大腦及神經系統，容許幼童玩太久的電玩遊戲會升高壓力程度，使得他們的情緒容易潰堤。你也許可以提前五分鐘警告孩子時間快到了，以幫助他接受遊戲不得不停止的事實。

- **201** -
「我不要去上學，你不能強迫我！」
你已經快要去上幼稚園的女兒，
在上學的陰影逐漸逼近時，大聲向你宣告。

- **發生了什麼事**：新學期開始、轉學到新學校或放長假後回學校，對某些學童而言，都是令他們驚惶的事。孩子的焦慮來源很多：害怕失去在父母跟前的安全感、同儕問題或課業壓力等。
- **回應**：「我知道妳一定應付得了，我對妳有信心。妳的表現一定會讓妳自己大吃一驚的。」
- **注意**：不斷鼓勵孩子並重覆讓他們安心的話，可以幫助孩子對抗令他們產生焦慮的情境。切勿提出確切的問題，以免反而強化他們的焦慮感，例如：妳是害怕沒有人陪妳吃午餐嗎？還是擔心其他的小朋友會欺負妳？跟孩子保證他一定能夠應付特殊狀況（不管是測驗、派對或運動競賽等），這有助於緩和他的恐懼。

基本規則：如何對學齡兒童說「No」

父母都希望能在孩子早年建立起來的良好基礎上繼續提升，此時由於孩子開始就學並有了社會化活動，父母的責任也相對繁雜起來。每個家長彷彿都努力地要讓自己的子女在某個領域裡贏在起跑點：運動、學業、藝術等等。在孩子小學期間希望每方面的表現都要趕上別人，養育「明星」子女的壓力也變得特別沉重。

無論有無壓力，持續的默許都會讓你承受不必要的負擔。對孩子多說一點「No」，不但可以讓你減少精力透支，也可以降低你暴怒的可能性。在適當的時刻說「No」，既可避免你自己過度忙碌，又不會讓你的孩子宰制你。當你想要說「Yes」卻知道其實應該說「No」時，請思考你為何會選擇那條路徑。

更重要的是，孩子會刻意忽視或拒絕你的那些要求，正是父母所應該堅持的要求。從 1938 年起追蹤其數百名畢業生的「哈佛大型研究」顯示：做家事和成年時期的成功有正向的相互關係。身為家長，你要理性，但也要堅定。越早讓孩子做家事──讓孩子收拾自己的玩具或把髒衣服放進洗衣籃裡──最終而言，對孩子越好。總之，做家事是幫助孩子建立職業道德、為將來的成功做準備的最重要因素之一。

有時，孩子會提出讓你暴跳如雷或耗費時間的要求，還有一些違背你的價值觀判斷的請求。當孩子認為自己的要求沒有錯，或有權力做某種要求時，不管他的情緒有多激動，身為父母你都有責任鎮靜地堅持某些界線。切記：說「不」的方式通常會決定說「不」的效果。大吼大叫沒有用，有時你需要降低音量，才能讓孩子聽進你的話。可能的話，請盡量不要說教。

　　讓教養變得更複雜的，還有無所不在的各種科技，以及在學校越來越廣泛使用的電腦和平板，它們增添了另一層面衝突的可能性，讓父母不確定該如何訂定使用的範圍和限制。孩子的學習日程如此密集，有時讓他們黏著自己的電腦或手機不放，似乎還容易些。

- 202 -
「妳現在得幫我清洗足球制服。」

- **發生了什麼事**：妳兒子或是忘了告訴妳他有比賽，或忘了早一點把他那髒兮兮的短褲和襪子放進洗衣籃裡。
- **回應**：「不，但我可以教你怎麼使用洗衣機和烘乾機。」
- **注意**：盡量在孩子幼年時就教他清洗衣服的基本技巧，如此妳才不會覺得自己像個洗衣婦，而妳的孩子也會覺得自己能幹、有自信。

- 203 -
「我才不要跟他玩！弟弟一點都不好玩。」
妳的女兒爭辯說。

- **發生了什麼事**：妳的女兒不喜歡跟弟弟玩，常常推諉妳的請求。妳需要她幫忙哄小兒子一下，以便抽空做家事或寫幾封重要的郵件。
- **回應**：「拜託妳幫我一下吧！等我事情做完了，帶你們兩個去公園玩，也許妳的朋友也在那裡呢！我們可以打電話給喬丹或潔西卡，看看他們是否已經去了。」

- **注意**：小孩子不希罕跟自己的弟妹玩，跟同儕玩才能提高他們的「聲望」。借用孩子想要取悅父母的渴望，是頗為有效的一招。無論兒子或女兒，妳都是在努力與他（她）培養親密關係，只要常做，妳就會看到效果。久而久之，一個溫馨的親子關係就會建立起來了。

-204-

「這不公平！凱蒂上床時，我才要去睡！
她年紀是不是比我大，一點也不重要！」

- **發生了什麼事**：學齡兒童對所謂「公平」是非常在乎的，而且不願比自己的兄姊或朋友早一點上床。從幼童的觀點來看，妳讓他的兄姊晚一點睡覺，就是在給他們特殊待遇，對此他一定會跟妳抗爭到底。
- **回應**：「不行！你需要充足的睡眠來幫助你成長。等你到了凱蒂的年紀時，你也可以晚一點睡。」
- **注意**：在面對會影響幼童健康和成長的問題時，妳就必須睿智地當孩子的老大。美國國家睡眠基金會建議，小學生每天最好睡八到十一個小時，請將這個訊息做為捍衛妳立場的武器。

-205-

「我敢看那部新的連環殺手電影。」
你十歲的女兒向你強調。
「我不會怕，而且我所有的朋友都要去看。」

- **發生了什麼事**：你的女兒很有自信，對你也很誠實，但身為父母你當然不願她去看那種血淋淋、充滿暴力的恐怖電影。你擔心若嚴厲地拒絕她，她會怨恨你，而且反而會想辦法偷偷去看。

- **回應**：「我真的覺得妳不明白妳在讓自己陷入什麼樣的困境。最糟糕的狀況就是：看完電影後，妳連續幾晚都不敢睡覺，或者會因為讓妳的朋友看到妳有多害怕而覺得丟臉。要不然等妳的朋友們看完電影，妳再跟他們一起逛街，如何？」

- **注意**：你的女兒不明白看那樣的電影會對她產生什麼影響，但你知道。

- 206 -

你的孩子們祈求：「我們可以養一隻狗嗎？」
他們保證一定會好好照顧牠。

- **發生了什麼事**：理論上，孩子說的都是內心話，他們認為自己一定會好好照顧新寵物，但無論他們如何保證，身為父母的你通常會負責 95% 的照顧工作。切勿同意，除非你自己想要養狗。

- **回應**：「不行。」你可以接著給你的決定補充所有現實的理由：「我們每天都要上班、每個人的行程都很滿、我們的院子不夠大、弟弟有過敏的問題等等。」

- **注意**：幼犬可能不需要經常出門去遛，但老的時候，牠們一天可能需要出門六七趟，而那時你的孩子們也差不多通通離家上大學了。

- 207 -

「我想要一支手機。」你八歲的兒子要求。

「傑德和威爾都已經有手機了！以後我不會再要求別的東西。」

他再加上一句，以為這樣就可以說服你。

- **發生了什麼事**：你兒子希望你知道他最要好的朋友都有手機了，那你就可能比較會同意買給他。
- **回應**：「我知道你的朋友們好像都有手機。但說真的，我不覺得那是事實。我們會幫你買手機，但不是現在。」
- **注意**：在某些情況下，比如孩子自己步行上下學、幾個家長輪流接送孩子，或放學後孩子通常自己一個人在家，這時對八歲的兒童而言，手機可能是一個合理的需要。基本上，十歲以上的孩子比較成熟、有責任感，也比較能夠理解並遵循父母所給他們規定的手機使用規則。

- 208 -

「爹地，請你教我做功課。」你讀小六的女兒要求說。

- **發生了什麼事**：經常「教」孩子做功課，最後會演變成父母在做功課。鼓勵孩子自己完成作業能幫助他們建立自信心。
- **回應**：「我確信你能夠自己做，我對你的能力有絕對的信心。」
- **注意**：老師們想要知道孩子們已經掌握了哪些，以及他們在哪方面需要指導或加強。無論你給孩子的作業、數學習題、或作文等多麼完善的偽裝，孩子的老師都會看出你的貢獻，

也許是觀念、漂亮的成品或完美的答案等。單就這個原因，
你都應該鼓勵孩子獨立完成自己的作業。

- 209 -

「我們教練需要一個家長來當他的助手。

他想請妳來幫忙，可以嗎？」

- **發生了什麼事**：妳討厭讓孩子失望，但事實是，妳無法固定
  去球場幫忙，因為妳得載小女兒去參加課外活動（可能還得
  把最小的寶寶一起塞進車座裡）。每場練習和比賽都得準時
  到場，那意味著妳得找人幫妳接送小女兒和照顧嬰兒。
- **回應**：「親愛的，我很想幫忙，但是目前不可能。」
- **注意**：比起父母來，孩子能夠更容易且迅速地克服失望。他
  們的恢復力可能比你所瞭解的還要強。

- 210 -

「爹地，我可以等一下再去掃落葉嗎？」

你的孩子想要拖延你交代他去做的幾乎所有事：

擺餐具、洗碗盤、掃走廊、割草坪、除雜草、澆花、清理垃圾等。

他最常用的字眼就是：「等一下。」

- **發生了什麼事**：要求「等一下」其實就是在拖延。你的孩子
  希望你會忘記之前交代的任務，最好是你最後忍不住乾脆自
  己動手做；他希望的正是前者或後者的發生。
- **回應**：「不行。」

● **注意**：說到逃避做家事，孩子們都是專家。在身為父母忙碌的生活中，如果你同意任何形式的拖延，那麼你的孩子就會成為贏家。當你對孩子提出要求時，請讓他們馬上去做，沒有商量的餘地。

- 211 -

「爹地，你可以參加我們參觀博物館的行程嗎？
一定很好玩的！拜託你陪我去吧，拜託。」
你的孩子懇求你。

● **發生了什麼事**：你是有工作的人，為了孩子的課外行程請假不是你的選擇，但你因常常錯過對孩子而言很重要的相處時間而感到愧疚。

● **回應**：「親愛的，你知道我也很想去博物館，但我必須工作。我知道你很失望，我也是。」

● **注意**：在無法陪同孩子時，切勿混淆難過和愧疚的情緒。只有在你做了某件令自己遺憾或相信自己不應該做的事情時——例如因為在辦公室與人不愉快，回家就罵小孩——你才需要覺得愧疚。

- 212 -

「今晚我可以邀請我們科學組的同伴們過來晚餐嗎？
我們需要討論期末計畫的主題。」
妳十一歲的女兒問妳。

- **發生了什麼事**：妳的女兒是組長，而且對課業非常認真。她很棒，妳想要嘉獎她的勤勉，但不希望她的要求搞亂妳的工作天或給妳額外的勞務。
- **回應**：「你們總共五個人，對吧？可不可以週末再邀請他們，這樣妳就可幫我準備餐點，而你們也會有比較充裕的時間好好討論。」
- **注意**：跟孩子協商一個合理的解決方案，可以避免丟出一個嚴厲的「不」，妳的孩子也會學到招待朋友時自己該承擔的部分責任。

-213-

「我要去參加棒球訓練營。不管你怎麼說，
我真的、真的很想去。」
你十二歲的兒子大聲說。

- **發生了什麼事**：你兒子是個出色的投手，這一季，他還加入了本地球隊做巡迴賽，主要負責該球隊在本地和全州的勝場。身為父母，你很驕傲，也很欣賞他對比賽的熱情和投入，但他的手臂需要休息。
- **回應**：「我們知道你真的很想去，也願意支持你，但今年夏天你不應該參加棒球訓練營。我們會幫你找別的你喜歡的運動。」
- **注意**：拒絕過度的參與，就可避免可能的運動傷害和過度疲勞。美國兒科學會發現：在青春期之前，參與多種運動的青少年比起專注一項運動的青少年來，受傷的機率不但較低，

從事運動的壽命也較長。

- 214 -

「爹地，丹尼在扭我的手臂。唉呀，痛死了！丹尼，你住手！」
你聽到你的一個孩子尖聲大叫。

- **發生了什麼事**：房間裡傳出一聲令人血液凝固的叫痛聲，你
  原以為兩個孩子在裡面相親相愛地一起玩。你的立即反應是
  奔進房間，去解救那個「受害者」。
- **回應**：「在家裡，我們不互相傷害，我們彼此照顧。明白
  嗎？」
- **注意**：你很清楚是哪一個孩子犯了錯，但是「在我們家裡不
  能……」這種訴諸全體的回應，傳達了一個不欲揪出或羞辱
  那個罪犯的訊息。它告訴兩個孩子，什麼才是能夠被接受
  的。

- 215 -

「但是媽咪說，我今天下午可以跟巴洛斯他們一家去博物館。」

- **發生了什麼事**：每當你兒子不喜歡你的回答時，他就會使用
  「但是媽咪說」這一招，而你總是本能地想要同意，以順從
  你妻子的意思。
- **回應**：「你還沒做完你的家事，我想媽咪並不知道這一點，
  我會跟她說。但是現在，你不可以跟巴洛斯他們去。」
- **注意**：孩子從很小就學會了分化和征服。如果你和你的配偶

對於什麼是許可的、什麼規矩絕不能動搖，有一致立場的話，那就可以避免很多家人之間的衝突。

- 216 -

「媽咪，放心吧，我們都會乖乖的。

妳出去跟朋友午餐的時候，可以讓我們單獨留在家裡。」

- **發生了什麼事**：父母因為疏忽而被逮捕並起訴的新聞，已經改變了我們容許孩子自由和給他們分派責任的方式。妳十歲的女兒想要證明她很能幹，可以照顧自己和妹妹，但是妳很擔心，妳的第一個考量就是拒絕孩子的請求。把孩子單獨留在家裡，對妳來說，是禁忌。
- **回應**：「好的，但是只能一小段時間，而且妳必須遵守這些規則……」妳的話讓孩子喜不自勝。
- **注意**：當孩子跟妳要求承擔某種責任時，在情況似乎安全且合理的情況下，答應他（她）是睿智的選擇。意外會發生的機率其實很低，妳更應該擔心的是別人會怎麼看待妳，而不是妳所甘冒的風險。以上就是一個好例子：父母可以思考將強硬的「No」轉成「Yes」，並提供給孩子如何照顧弟妹的準則。

- 217 -

「妳說等我大一點，我自己的房間就可以有一架電視機。

我今年生日就滿十歲了。」妳九歲的兒子提醒妳。

- **發生了什麼事**：妳自從承諾了那件事之後才知道，自己房間裡有電視的孩童不但課業成績較不理想、容易發胖，而且可能因為螢幕的藍光而產生睡眠問題。
- **回應**：「我記得我說過那樣的話，但我改變主意了。我知道你會不高興，但我們對你使用手機的規則跟使用電視機一樣。」
- **注意**：家長們，你們是有權力改變主意的。孩子房間裡的電視所造成的問題不亞於平板和手機，他們可以在電視機上打遊戲、不眠不休地看電影和錄影帶等。對學童而言，在該睡覺時使用電子設備，會讓睡眠品質不良的狀況更加惡化。

- 218 -

全家在外晚餐。

妳女兒在正餐送來之前就把她的那杯汽水喝完了。

「媽咪，可不可以請妳再給我叫一杯汽水？拜託！」

- **發生了什麼事**：你們家對含糖飲料有一個堅決的政策：在外面用餐時，孩子只能喝一杯汽水。妳也許會想要再給女兒叫一杯，好讓她在公共場所保持快樂的心情。
- **回應**：「妳知道我們的政策，我可以幫妳叫一杯開水。」
- **注意**：家長們請確定：你有跟孩子說過在外用餐時的規矩和限制，而他們也都很瞭解。輕易妥協會讓你的孩子不斷用祈求和糾纏騷擾妳，因為他們會期待妳自己打破只有在特殊情況下，或偶爾想給孩子驚喜時才會打破的規則。

「派特羅遜老師認為我應該申請暑期菁英班的課程。」

你念五年級的女兒宣佈,引用了她科學課老師的建議。

「可以嗎?同學們都說那個課程對我們將來申請大學很有幫助。」

- **發生了什麼事**:你知道你女兒的新學校比其他許多學校都更競爭,但她離念中學還有好幾年,現在就談大學申請委實令你反感。她既聰明又有野心,但那個課程需要她離家好幾個星期,似乎不是她在這個年紀能夠掌握的。
- **回應**:「老師認為妳有潛力進菁英班,真叫我高興!但是我們需要好好討論這個龐大的任務。那個課程好像太緊湊了,我們再看看別的選擇吧,也許有其他同樣挑戰的課程,但離家近一點且不那麼嚴格的。」
- **注意**:孩子能識別壓力並受其影響,有些會因而產生逆反心理,有的則會跳上潮流的列車,比如這個案例中的小女生。對家長而言,培育優秀或成功子女的壓力很早就開始了。有些父母會提早幫孩子建立履歷,以便助孩子們一臂之力(例如希望子女可以進一流大學,或獲得運動或學術獎學金等),但切勿瘋狂盲從那股潮流。

耐心教導:青春期

年幼的子女通常會向你尋求解答或協助,那讓你覺得被需要、被敬愛。再來,一切都改變了,你曾經引以為傲的高度讚許,一夕

之間消失了。我們都喜歡少年和青少年認同我們時的那些象徵，但是，隨著他們逐漸長大、變得較獨立，你也許應該耐心以對、靜待那樣的時光再度回轉。要有耐心，最重要的就是：好好當個父母。

對青春期的孩子說「不」比較困難——也更必要——因為青少年會逼迫父母。你在孩子幼年時為他們設定的許多準則，在他們努力尋求認同、為自己的獨立奮鬥時，就會受到考驗。

你也許還記得自己年少時的掙扎：努力適應、假裝長大、打造自己的個性等，但父母卻似乎總在扯你的後腿。偶爾忤逆父母的決定或不時破壞各種規則，定義了那幾年的日子。父母不准你去參加某場舞會、因為欺負自己的弟妹而被禁足等——這些都是稀鬆平常的事。你自己在青春期時，可能也是以同樣的方式在感受、行動。

身為一名青少年的父母，你所要努力的不是討得孩子最多的歡心，而是提供他們堅實的引導。你需要經常說「不」，以便讓他們走在正途上，成長為一個富有愛心又具有責任感的公民。請堅定你的立場，因為青春期的孩子，即使你預見了他們的決定隱含風險，他們仍然想要自己做決定。

父母在任何時候都可能落入說「Yes」的模式，因為青少年是很擅於壓垮父母決心的人。他們花言巧語，心有所求時懂得對父母提出懇切、似是而非的理由；他們陰晴不定、任性的行為也常折磨得你不得不投降。堅守以「No」做為養育的原則，將可減少你感覺被子女哄騙或操控的機會。話說回來，偶爾退一步或提供不同的選擇，則會讓你更容易獲致渴望的結果（或至少更接近理想的目標）。那樣做並不是屈服，而是聰明的育兒之道。

- 220 -

「我可以化妝嗎？我已經是一個少女了。」

- **發生了什麼事**：妳剛進入青春期的女兒覺得唇膏、腮紅、眼線和睫毛膏等，會讓她看起來更漂亮。一想到十三歲的她化著濃妝的樣子，實在把妳嚇壞了。然而，妳也有注意到她的朋友們都已經開始在化妝了。
- **回應**：「那個主意並沒有讓我覺得開心。對此我的整體看法是：最好不要。不過，我們可以談一談。」
- **注意**：妳所對抗的其實是同儕壓力。妳若直截了當地拒絕，妳女兒可能會覺得妳不理性。不如把她的要求視作一個影響她選擇化妝與否的機會，並就妳的觀點來教導她化妝品正確的選擇和使用方法。妳也可以考慮給她一些妳覺得恰當的開始使用化妝品的限制，譬如：上學時、家庭聚會和讓妳覺得不自在的場合不行等。

- 221 -

「不公平！別人的小孩都至少有兩雙（或幾十雙）這種球鞋。我卻只能有一雙！」妳兒子嘟著嘴抱怨道。

- **發生了什麼事**：妳跟正值青春期的兒子一起逛街購買他上學時的衣著，而他想要一件妳覺得額外或太貴的東西。
- **回應**：「你只能選其中一雙。把另一雙放在你生日或聖誕節想要的禮物清單上，我猜家族裡有長輩會幫你買。」
- **注意**：青春期的孩子都想要做一個流行代言人，不管是球

鞋、外套或背包等。為了減少購物時的紛爭，妳可以給孩子一筆預算。如果他是自己一個人購物或跟朋友一起逛街，那麼一張限制額度的信用卡或一筆年度零用金，就可以幫他控制自己的揮霍了。

- 222 -

「這個星期功課好多，我累死了，每天都是測驗。
明天我不想去上大學學科考試的先修課程。」

- **發生了什麼事**：你的女兒壓力真的很大，因此認為可以藉此請求你的同情。為了逃避補習，她以前就成功地用過這一招了。
- **回應**：「我知道妳幾乎每天熬夜做功課，但是先修班的課程是妳自己要求我們幫妳報名的。先修課程很昂貴，而且是妳自己提出要求的。今晚妳可以早一點睡，以儲備明天的精力，但妳不能翹掉任何一堂複習課程。」
- **注意**：孩子，尤其是十歲左右和青春期的孩子，最容易答應很多事，然後又企圖逃避義務或承諾。同理心讓你的孩子知道你聽到他的心聲了，但同時，拒絕他的要求可以教導他金錢的價值。

- 223 -

「今天只有一點點功課，等我從溜冰場回來後再做。」

- **發生了什麼事**：他對「一點點功課」的概念和你的很可能——而且經常是——完全不一樣。

- **回應**：「不行。」
- **注意**：一個強烈的「不」加上兩眼直視孩子的眼睛，不僅給他設下界線並強調你是認真的。父母的「不」是這個世界如何運作的最佳教訓：不是你想要怎樣就可以怎樣。

- 224 -

「我不會去參加外公的生日派對，
跟我同樣年紀的人都不會去。」

你正值青春期的兒子大聲說，兩手插腰粗暴地強調他的決心。

- **發生了什麼事**：你可能很失落：那個可愛又貼心的孩子哪裡去了？只要想想其他各種普遍的青春期叛逆，你就會明白他只是在尋求獨立。當你的孩子無視你的要求並忽視家庭義務時，切勿認為那是你的責任。
- **回應**：「你當然得去了，我們已經說了我們會去，而且全家都會去。這個派對你非去不可。」
- **注意**：如果你不堅決對抗那個粗暴的態度，那麼你就是在破壞承諾及家庭價值的重要性。

- 225 -

「我的房間整理得差不多了。
我跟朋友約了一起午餐，回來後我一定會全部弄乾淨。」
你正值青春期的孩子承諾說。

- **發生了什麼事**：你已經連續幾星期跟在兒子的屁股後頭幫他打掃他的豬圈。每個週末他都要出去跟朋友聚會，而只要他一出了門，他的承諾也就隨風飄散了。
- **回應**：「今天不行。你還有一個多小時可以先整理你的房間。」
- **注意**：切記：青春期的孩子會嘗試用各種承諾、控制和頑固的糾纏等，以達到自己的目的。

- 226 -

「妳可以把我的手機遞給我嗎？」妳兒子問。
而妳正在忙著打包你們今天要到海灘度假的東西。
「我要打遊戲晉級。」

- **發生了什麼事**：妳計畫好了帶全家到海邊度假放鬆。
- **回應**：「今天是不准使用任何科技產品的家庭日。我們全部的人都要放下各種螢幕並共度時光，這對我而言很重要。如果你忙著闖關、妹妹忙著打遊戲、我忙著發簡訊，那我們的家庭時光就不可能發生。」
- **注意**：科技移除了人與人之間那種神奇的互動經驗，尤其當一家人共度寶貴的時光時，各種螢幕造成了注意力的分散。你的子女可能會因為不能玩手機或平板而發怒，但是如果你要求他們將家庭共處時光視為優先，那麼孩子就會接受你的暗示，並且在他們成長的過程中建立起有益自身健康的習慣。

- 227 -

「我猜貝絲表姊來訪時,妳會強迫我留在家裡寫功課吧!」

你正值青春期的女兒好像在問妳一個問題,

但事實上比較像是在承認自己的愧疚。

- **發生了什麼事**:妳的孩子星期一必須交一個重要的作業,但她最喜歡的表姊週末要來作客。這不是她第一次時間管理上的失敗,她知道她應該早幾天就開始這個作業的。妳不知道她為了什麼拖延,而現在,妳可以堅持她放棄跟表姊相處的機會,或者給她一個可以做自己「命運」的主人的回應。

- **回應**:「我知道妳想盡可能地跟表姊相處,但妳計畫要如何在星期一前完成作業?」

- **注意**:有時候家長要有些彈性,容許孩子自己想辦法完成任務。當被問到有什麼解決方案時,青少年比較可能會覺得──最終也會變得──有責任感,而非一直受著父母的督促或控制。

- 228 -

「爹地,你太保守了。

所有的女孩都穿熱褲和短版上衣,這很正常。」

- **發生了什麼事**:一想到你的女兒竟然會穿著那樣的衣服去上學或出席社交場合,就覺得可怕,你認為那樣的衣著根本不應該出現在臥室以外的地方。你覺得自己已經相當開放了,但那樣的打扮你仍然覺得太暴露。

- **回應**：「我知道妳覺得這樣穿很迷人，而且可能所有的女孩都做如此打扮。但我不能讓妳穿這樣的衣服出門。」
- **注意**：青春期的孩子喜歡在外表打扮上嘗試新認同，並為此跟父母產生爭吵、頂撞，這不是大問題。請小心選擇你們的戰場，切勿輕易屈服，否則將製造更多的爭論。

- 229 -

「媽咪，今晚我可以晚一個小時回家嗎？
傑咪、愛麗和艾倫的爸媽都同意了。」

- **發生了什麼事**：妳得為女兒的安全負責任，而她現在逼迫妳改變她的夜歸時間，和妳相信的正確育兒之道。
- **回應**：「不行。如果妳在外面待到那麼晚，我會很擔心。」
- **注意**：無庸置疑，妳的女兒會不斷地逼迫妳，但她很快就會找到比執行晚歸時間更奇特的事情來抱怨。

- 230 -

「我今晚可以在湯米家過夜嗎？」

- **發生了什麼事**：你兒子想要在某個朋友家過夜，但你只見過湯米一次，而且從未見過他的父母。這個理由已足夠你給他一個反對的答案了。
- **回應**：「不行，如果你的朋友願意的話，他可以在我們家過夜。」如果你的孩子繼續懇求的話，你可以再加上一句：「我講的話你哪一部分聽不懂？」

- **注意**：遵從你內心的警示。父母並不一定需要一個說「不」的藉口，堅定不移——甚至有些暴躁——是你的特權。必要時，請擺出身為父母的架子。

- 231 -

「你必須載我到安德魯家去，非常必要。」

你的兒子懇求著。

看你不為所動，他就一邊哀求、一邊歇斯底里地蠻纏。

- **發生了什麼事**：沒有什麼情況比一個青少年想要跟朋友討論歷史功課或最新八卦更難纏的了，他的要求讓不管是錯過前者或後者，聽起來都像是個災難似的。
- **回應**：「這個下午我沒空載你到任何地方去。你可以透過即時通、視訊通話或打電話跟你的朋友聯絡，處理你們這個『緊急狀況』。」
- **注意**：不用半個小時，多數青少年就會很開心地使用手上既有的科技產品，跟他的夥伴們解決方才非立即進行不可的事情了。

- 232 -

「輔導老師說，我下學期可以修四門資優課程。

是不是太棒了？」

- **發生了什麼事**：妳女兒是個典型的資優生，一向名列前茅。她在課業上的優良表現從小學就開始了，而且越來越出色。

她上進心強，總是督促自己——這些都是優點。現在她要升高三了，而妳也開始為她的健康憂心不已。

- **回應**：「太棒了，我們都為妳感到驕傲，但我不確定妳是否需要修四門資優課程。妳經常體力透支，我們都很擔心妳的健康。妳可記得去年因為太疲憊而生了幾次病嗎？」

- **注意**：每個孩子都不一樣，有些因為師長的督促而激發潛力、順利地進步；另外一些，如這個案例裡的小女生，則產生了健康的問題。在這種狀況下，父母就需要負起責任來，對她說「不」，如此你們才能展開一個既能減輕她的課業負擔，又能幫她避免嚴重健康問題的協商。

- 233 -

「你這樣很不公平，爹地。我恨你！你讓我的生命好悲慘。」
你十四歲的兒子甩門而出，跑回他自己的房間生悶氣。

- **發生了什麼事**：你兒子想要帶一個女孩出去約會，但你認為他的年紀太小了，那樣會破壞你幾年前給他明白設下的規定：十六歲前不能約會。

- **回應**：「我很難過你這麼覺得。我知道那個女孩對你而言有多重要，但確認你心智成熟到能夠約會前，我對你有責任。當你自己成為一個父親後，你可以為自己的孩子訂定不同的規則。」

- **注意**：父母是孩子發怒時最安全的攻擊對象。由於青少年深知父母和手足在他們生命中是不會消失的人，因此以為他們可以粗魯地加以打擊——這是他們不敢對朋友或其他成年人

使用的方式。

- 234 -

「我的手機沒有在餐桌上。」你的兒子堅持說。

他的腳踩在手機上以便能感受到它的震動。

「它是在我椅子下的地板上。」

- **發生了什麼事**：你明白手機是一個青少年生命的延伸物，是一個他們能與朋友隨時保持聯繫的東西，然而你想要你的子女記住：你並不是山頂洞人。當他們試圖愚弄你時，多數時候你是知道的。

- **回應**：「我知道你的手機在哪裡。把它放到隔壁房間去，別人的也都放在那裡。」

- **注意**：在家裡，你需要建立每個人都會遵守的科技產品使用守則。建立守則時，你可以給孩子一點話語權，如此就能夠增加那些規則被遵守的可能性。實施家庭科技產品使用守則，可以確保你的子女跟你以及手足的互動。人與人之間面對面的互動，對所有年紀的孩子的成長而言，都是不可或缺的。

- 235 -

「在卡拉家時，她的父母會讓我們喝啤酒。

她來我們家時我們可以喝啤酒嗎？拜託，我們只喝一瓶。」

你女兒在她的朋友到達前徵求你的同意。

- **發生了什麼事**：你的女兒已經快要成年了，她在測試你的底

線。其他的父母也許會容許他們還未成年的孩子飲酒，只要不開車的話。但那並不表示你必須隨波逐流。

● **回應：**「我對卡拉的父母的所作所為，沒有意見。但是，我不會招待跟妳一樣尚未成年的朋友喝酒精飲料。」

● **注意：**你的孩子願意跟你坦白說話，你應該感到高興。得知她在朋友家時會喝啤酒，切勿過度反應，但仍要講清楚說明白，重申你對酒精飲料和毒品的看法。青少年的大腦仍在發育中，他們需要家長的監督，以免做出對自身有害的事。

- 236 -
「爹地，我無法付這些電信費用。你是在開玩笑吧？」

● **發生了什麼事：**你有一個家庭電信費用計畫，且在你兒子快要用完他自己的額度時就已經提前警告過他。你告訴他，他必須用夏日打工賺的錢來付超額的費用。

● **回應：**「不，我不是在開玩笑。我早就給過你充分的警告，而你選擇忽略它。」

● **注意：**讓孩子為自己負責，是很好的金錢管理訓練。

- 237 -
「我先去接道格和佛列德，然後載他們去派對。」
你們家的新手駕駛告訴你。

● **發生了什麼事：**你兒子兩個禮拜前才剛拿到駕照。雖然你知道他是個小心謹慎的孩子，但是車裡載著朋友不但容易令駕

駛分心，而且在你心裡那也不是一個好主意——他需要先累積一點駕駛經驗。

- **回應：**「我們知道你是個負責任的孩子，但是你要載朋友，這讓我們覺得不放心。等你有一兩個月的駕駛經驗後，我們再談談載人的事吧。」

- **注意：**人腦直到二十六歲時才會完全成熟，因此，不管你樂不樂意，你都應該告訴未成年的孩子有關駕駛不專心的事情，不論是朋友在車裡玩鬧，或邊開車邊使用手機。在美國已經有三十二州——包括華府——不允許新手駕駛使用手機。邊開車邊發簡訊的駕駛，其肇事率會提高二十三倍。邊駕駛邊發簡訊，跟喝了四杯啤酒後駕駛，其危險性是一樣的，並且也是每天十一名青少年死亡的原因。

- 238 -
「爹地，我不想談嗑藥或飲酒的事。」

- **發生了什麼事：**你的孩子已經來到了性行為、酒精飲料及藥物等可能會開始誘惑他的年紀了。他的朋友，或其中的一些，你猜可能正在嘗試那些事物。無論你的孩子給你多少抗拒，你都必須堅持跟他「談一談」。

- **回應：**「我知道你不想談，那類話題對我來說也不好玩，但你應該聽一聽，它們很重要。」

- **注意：**不要因為這個話題很困難，就逃避跟你正值青春期的子女進行這方面的談話。你所提供給孩子的一點訊息或許會根植於他們的腦海，使他們能夠辨識愚蠢的決定和安全回家

之間的區別。如果你覺得孩子沒有領會你所傳達的訊息，或你自己不確定某些事實的憑據，那麼就跟他一起上網搜尋「青少年與酒」這類與未成年酗酒相關的訊息。一起瀏覽那些事實，包括酒精中毒、車毀人亡以及長期的情緒問題等風險因素，它們對孩子通常會產生驚人且強烈的效果。

- 239 -

「雖然是在其他州，但是我想跟丹尼和衛斯理念同一所大學。」
你即將高中畢業的兒子告訴你。

- **發生了什麼事**：你兒子最近一直在跟他的朋友們參觀各大學。和許多不確定自己要主修什麼的年輕人一樣，他和他的幾個死黨都被著名的所謂「派對大學」所吸引。除非他能說服你他將會獲得良好的教育，否則你拒絕替他付外州大學的學費。
- **回應**：「不，我們不會付錢讓你玩四年。我們再找找別的學校吧！只要你選擇一家讀書風氣良好的大學，我們很樂意替你付學費。」
- **注意**：你毋須為自己的立場辯護，態度要堅決。既然是你在替孩子的大學學費買單，你的決定就不容他人置喙。

教養是終生任務：成年子女

儘管我們這種超連結社會有許多便利之處，其所製造的連結卻

讓我們的子女失去了絕大部分的自主性。父母對孩子生活從小開始
鉅細靡遺的管理，甚至把孩子教養得連獨立思考和行動的能力也沒
有，以致於他們長大後仍然常常要找父母親幫忙。在子女成年後，
不管是跟你住、外出念大學，或是畢業後在外獨居，他們仍會繼續
向你尋求實質上的、情緒上的或財務上的支持。

　　如果在子女幼年時，你就很難對他們說「不」，那麼你可能會
覺得現在要打破那個依賴和督促的循環似乎太晚了。你當然想要當
個關愛子女的父母，但當你應該對提供忠告、介入問題、解決衝突
或資助他們度過財務難關等狀況說「不」時，繼續給予支持恐怕只
會造成反效果。

　　當你看到自己對子女的忠誠慷慨到一個錯誤的地步時，也許就
是你的子女應該為自己努力的時候了。

- 240 -

「我很不快樂。」你念大一的孩子在電話裡啜泣：

「求求你讓我回家吧！」

- **發生了什麼事**：空巢症狀對父母和子女而言，都可能是一個
  問題。你感受到孩子的痛苦，而且自從她離家後，你自己也
  很難過。你並不反對她上本地的大學，並且住在家裡。但
  是，你也深信，如果她能想辦法熬過這一段時間，一定會變
  得較堅強。
- **回應**：「先深呼吸。我知道這很難，但至少等到期中考後再
  想這個問題。如果妳這麼快就離開學校的話，我怕妳將來會
  後悔。」

- **注意**：給你的孩子時間去結交新朋友，並在一個充滿新夥伴和新要求的學校裡學會自己的生存之道。當你們雙方都有較多的時間適應那個分離時，再約一個時間討論她回家的事情。

- 241 -
「爹地，我現在把論文寄給你。
請你幫我看看有哪些地方需要訂正或修改，好嗎？」

- **發生了什麼事**：你從孩子開始上學直到他高中畢業，都一直在幫他「審查」論文，他早就習慣仰賴你的建議和修改。
- **回應**：「你已經念大學了，應該自立自強。我相信你有能力修訂自己的論文。」
- **注意**：雖然你很想幫孩子的忙，但他（她）應該學習靠自己了。他可以自己完成任務，或在學校找一個能幫他修訂論文的人。你做為他的「讀者」和「老師」的日子，很多年前就應該結束了。

- 242 -
「你知道嗎，爹地，我收到藝術碩士班的入學許可了！」
你女兒在電話那頭興奮地告訴你。
「你可以幫我簽署助學貸款嗎？」

- **發生了什麼事**：你對女兒獲得知名大學的碩士入學許可高興不已，但她的要求讓你驚訝。你從未說過會負擔她的學費，但她卻假設你會在她的助學貸款申請表格上簽名。

- **回應**:「我們可以聊聊並給妳一點建議,但不要指望我們在財務上幫妳的忙。我們已經幫妳付了大學學費,而且以前也說過了,大學之後的進修費用妳得自己負擔。」
- **注意**:在貸款申請表格簽下你的大名前,請先思考你未來的退休生活:如果答應幫她付學費的話,你的儲蓄足夠支應以後的退休生活嗎?做為父母,大方和犧牲之間,是很不同的。你因犧牲而導致未來可能遭遇的經濟負擔,會讓你們的親子關係產生難以預料的壓力。

- 243 -

「爹地和媽咪,我們今天看中了全世界最漂亮的房子!
你們可以幫我們付頭期款嗎?」

- **發生了什麼事**:你一點都不驚訝已經成年的孩子會對你提出這樣的要求,畢竟你已經支助他的生活幾十年了——即使不是全部,也一定是一大部分。
- **回應**:「我們真的無法幫你。」
- **注意**:當你給予子女財務資助時,不管他的要求是什麼、年紀有多大,請確定你是真的在幫忙,而不是在激發他的需要。

- 244 -

「爹地,我們的牛奶喝完了,貓食也沒有了。
你出門時,可以順便買一些回來嗎?」
你已經成年的孩子對你說。

- **發生了什麼事**：雖然你的孩子住在家裡，但他有在工作，也會經過商店。
- **回應**：「不，我想你可以自己買回來。」
- **注意**：你的孩子把自己該做的事丟給你，這是不可取的行為。你應該拒絕他，讓他學習像個成年人般行動。

-245-

「妳有空說話嗎？」妳的女兒給妳一則簡訊。

一分鐘後，妳收到另一則：

「我簡直氣炸了！我那個混帳室友拒絕打掃。」

不久之後，又一則……

「我該怎麼做？」

「妳會怎麼做？」

「我很生氣。」……

- **發生了什麼事**：這不是妳的問題。妳女兒的室友是她自己選的，她們一起去找的公寓。她們必須自己解決這個問題。
- **回應**：「我相信妳們兩個可以找到解決問題的方法。」
- **注意**：妳仍記得對付不合作的室友時那種痛苦。妳跳進去幫女兒解決問題或許可以撫平她因衝突而產生的焦慮，但是，每次她一有麻煩妳就介入的話，那麼她將永遠不知道如何解決自己跟同儕之間的歧異。請思考妳是否將孩子當作了自己生活的唯一重心？問問自己誰比較重要──妳，或是妳已成年的孩子？

- 246 -

「媽咪，我很忙。

妳能幫我打電話給醫生，跟他約個時間給我做檢查嗎？」

- **發生了什麼事**：妳的孩子已經二十幾歲了，卻還不會處理自己的醫療事務。
- **回應**：「不，你應該自己打電話。」
- **注意**：跟妳的兒子強調，他已經是個有能力的成年人了，不再需要父母親的隨時幫忙。父母如果繼續這種解決問題的方式，只會阻礙子女的發展。

- 247 -

「爹地，我已經說過了，我會做。」
你那離婚後搬回家來跟你住的女兒憤怒地說。
她在警告你，不要再提醒她了。

- **發生了什麼事**：你女兒有推託事情的惡習，或更糟的，她希望你會忘了交代她做的事或自己幫她做。即使她不是刻意的，但是她逃避家事的策略，卻是你再熟悉不過的了。
- **回應**：「我很討厭需要一次又一次地要求妳。妳已經是個成年人了，應該分攤一些家務責任，妳不是客人。」
- **注意**：不管你那個已經成年的孩子年紀有多大，當他（她）再度回來跟你住時，很容易就會變回那個什麼都是爸媽在幫他（她）做的十歲幼童。

- 248 -

「我女朋友可以來我們家過夜嗎？」你剛成年的兒子問。

他大學畢業後就搬回家來住了。

- **發生了什麼事**：不少年輕人因為各種原因搬回家跟爸媽住。很自然的，父母都想支持他們，並且不干預他們身為成年人的生活。但帶女朋友回家過夜這件事，聽起來有點令人尷尬。
- **回應**：「那會讓我覺得不舒服，我跟你媽都沒見過這個女生。我知道很多父母不介意，但我介意。你必須尊重我的感受。」
- **注意**：這是你的家，你有權力要求住在你屋簷下的人尊重你的感受。

- 249 -

「你不介意我在你面前抽這個吧？」

你兒子問，手指夾著一支尚未點燃的大麻。

- **發生了什麼事**：你二十五歲的兒子回家來度假。你在他青少年時期，就不准他抽大麻，現在你也不喜歡他做那件事。
- **回應**：「我這樣說可能有點趕不上潮流，但你抽大麻真的讓我不悅。請在外面的露台找個地方吧。」
- **注意**：對子女的選擇，要保持禮貌和尊重，但也要鼓勵他們站在你的立場，給予你同樣的尊重。

- 250 -

「嗨，我最親愛的媽咪！
妳可以匯五百美元給妳最親愛的兒子嗎？」

- **發生了什麼事**：妳對妳兒子──妳唯一的兒子──和他持續
  性地哭求財務支援翻了個白眼。妳陷入一個循環裡：他跟妳
  要錢，妳哀怨，但最後還是把錢給了他。妳希望妳可以停止
  這件事，但不知該如何做。
- **回應**：提供客觀證明給他：「我已經幫你付清過去三個月的
  帳單了。有借有還，再借不難。等你償清前債後，我們再來
  談下一筆借貸吧。」
- **注意**：江山易改，本性難移。你必須先改變自己對事情的態
  度及處理方式。請用一個「不」字保護你自己。

- 251 -

妳在上班時接到女兒的電話：
「妳今晚可以幫我照顧孩子嗎？我想留在辦公室把事情做完。」

- **發生了什麼事**：妳跟女兒、孫子們住得很近，這原是一件很
  棒的事，但是妳也有工作，下班後妳實在沒有力氣追著幾個
  精力旺盛的小孫子跑。這個禮拜妳已經幫過女兒幾次忙了，
  而她大概預期妳會再度答應，因為妳幾乎每次都會答應。
- **回應**：「我們能不能談談我幫妳照顧孩子的事？妳知道我很
  愛他們，但是……」或者「我知道妳覺得臨時托我照看小
  孩，是我能夠輕鬆應付的事，但這件事常常讓我覺得體力透

支。」「我想留一點時間給自己。我們可以說好一個固定的
托嬰時間嗎？」

● **注意**：雖然妳很不願意讓子女失望，也很喜歡跟孫子們相
處，但是妳必須先照顧好自己的生活和健康。只要保持暢通
的溝通管道，妳就能夠對孩子解釋妳的侷限，和（或）妳必
須留時間給自己以維持社交生活的需要。

- 252 -
「這是我今年所需的園藝用品清單。
你可以幫我購買嗎？
這樣週末時我就萬事俱備了。」

● **發生了什麼事**：你的子女覺得，既然你已經退休了，應該有
時間隨時幫他們跑腿。他們覺得用各種雜務讓你保持忙碌，
是在挽救你無聊的退休生活。

● **回應**：「我知道你認為我整天無所事事，但那不是事實。我
們可以在星期六早上一起去購買園藝用品，之後仍還有時間
去完成原先計畫要做的事。」

● **注意**：成年子女經常將退休與無所事事畫上等號。如果需要
的話，就對子女們解釋你不需要他們來幫你填滿每天的時
間。無所事事，也許正是你多年辛苦工作之後所要追求的目
標。

5 職場

　　每個老闆都高聲讚美你，那感覺真棒。但是，是「真的」很棒嗎？

　　不管你是總裁（很有抱負的總裁），或是公司裡新進的菜鳥，你都想當個有團隊精神的人，想要你的團隊具有生產力，公司業務蒸蒸日上。無論你的職位為何，職場是一個充滿各種請求的地雷區，因此也是一個磨練你自己說「不」技巧的基本場域。

　　在職場上，人們的一般思維是：不管有多荒謬，同意他人的要求或懇求，才能讓老闆和顧客們開心滿意。這樣的思維不但過時了，並且可能造成災難性的結果。有效地說「不」，不但能保護你的時間和界線，也能讓同事關係保持正向且互相尊重。

　　在你的工作生涯裡，要學會對朋友及親人們說「不」的許多觀點和技巧。將「不」併入工作後的額外收穫，將有助於你：

- 善用自己的時間。
- 專注於完成你為自己所設定的工作目標。
- 找到一些通常很難擁有的工作與生活之間的平衡
- 在堅持自己立場的同時，仍能讓對方感受你的支持。
- 當有人向你提出請求協助擺脫困境或幫忙承擔責任時，變得比較有辨識力。
- 只接受那些會獲得經理們的尊重且有助你成長的任務。
- 瞭解當你拒絕時，不需要挑釁對方或自我防衛。

　　和與朋友及親人互動時不同的是，在職場上，有時你能拒絕的選擇很少，或者根本沒有。但是，不得不說「Yes」，和總是當那個承擔額外責任的人，這兩者之間是有差別的。

　　在職場的戰壕裡，你的角色可能很難定義：你是一個勤奮工作的人，還是那個其他人仰賴你去竭盡全力的人？當你不用心評估自己如何回應與工作相關的要求時，會發生什麼狀況呢？藉由以下測驗，請檢視自己在工作上是如何運作的。

測驗　你是辦公室裡的濫好人嗎？

以下哪些敘述說的好像就是你？

1. 總是一邊吃午餐一邊工作，或休息時間仍在工作。
2. 你的工作量總是比被要求的或比你預期的多。
3. 你經常覺得要做的事情太多，卻找不到解決這個問題的方法。
4. 你害怕如果拒絕某項要求的話，就會被認為是一個不理智或缺乏團隊精神的人。
5. 你曾不只一次為某個有點偷懶的同事掩護。
6. 在公司最近完成的業務中，你記得你在其中至少兩件事的奉獻遠超過其他人。
7. 你曾答應幫忙令你不樂意或與保住自己工作不相關的要求。
8. 為了避免觸怒某位同事，你曾經承擔並不想做的任務。
9. 你把某些同事的需要放在自己的需要前。

10.假如你不需要每天與同事們碰面，寧願選擇不花時間
　　與他們相處——然而，你卻去參加他們的產前派對、
　　退休派對以及數不盡的晚餐聚會。

　　假如你的多數答案為「是」，那表示你應該開始在
工作上開發說「不」的能力了。說「不」能夠幫助你維持
專注並強化生產力，而那是不管你在何處工作都需要的重
要技巧。

高效率與超載

　　也許你是一個對高效率上癮的人，如果你不按照他人的要求工
作的話，就會害怕別人會因此而不喜歡你，或將你視為表現不佳的
人。但你會為此付出什麼代價呢？

　　如此的高效率會在你的個人生活裡造成大混亂——你會經常遲
到或被迫取消約會，或與朋友和家人相處的時間太少。但最重要的
是，假如你因承擔過多而生病了，反而幫不上任何人的忙。承擔一
切事務的額外壓力會引發大量的負面效應，進而影響你的睡眠、飲
食或焦慮程度——而這些全都會導致工作上的判斷失誤。它也會給
你帶來不良的評論，而那正是你為了極力避免被討論才刻意承擔額
外任務的原因。對你以及對你所愛的人來說，尊重你自己的承諾以
便在生活中維持穩定，或某種程度的平衡，是非常重要的事。最美
好的人生，一定是平衡的。

　　當老闆或較高階的同事向你提出意料外或超出合理範圍的要求

時，他們自己通常是知道的。要傾聽他們聲音裡的歉意、隱約的不樂意、或遮掩不住的猶豫等：它們都是你的「不」可以不造成反感或重大後果就被接受的跡象。至少，你會知道你的上司是能夠接受協商或其他選擇的人。

懷疑別人對你有嚴苛的偏見，或者會不公平地評判你……，這些擔憂在多數人的心目中都被誇大了。與其膠著地落入究竟是否說「不」的困境裡，不如一吐為快。保持說「不」的靈活性，有助你避開不必要且對你毫無利益的義務。

- 253 -

就在你要走出辦公室，去吃一頓非常必要的午餐時，
聽到一則新訊息進來的聲音。
「我需要一個人來幫我檢查這個合約的內容是否有錯誤，
請盡快回覆。」你的經理寫道。

- **發生了什麼事**：你的桌上攤滿了待辦事項的提示、計畫的文案，以及食物的包裝紙等（太多次邊工作邊吃午餐的副產品）。你覺得自己快被工作壓跨了，萬分期待能夠出去呼吸一下新鮮空氣。
- **回應**：「我得出去吃點午餐，再不進食，我連清晰思考都做不到。我很快就回來，您的交代我會優先處理。」或者先去吃飯，等回辦公室後再回覆。
- **注意**：你亟需的休息，即便只是三十分鐘，都能讓你在下午工作時充滿能量。研究人員指出，這種「只屬於我」的休息時間，能夠幫助新手醫生們在其事業初期迅速恢復能量，並

更有效率地工作；缺少休息則會導致精力耗竭。休息一下、吃一點東西、活動一下筋骨，或從事一些與工作無關的事情等，是可以被接受的。

- 254 -
你的老闆說：
「一個新客戶，緊急任務！你可以接嗎？」

- **發生了什麼事**：你一聽到這個問題時，立即感受到多一項業務的重擔。你無法想像要再多擠進一個客戶，而且還是一個緊急任務。在你回答前，請先想想手上已經有哪些工作，以及這個新客戶是否會幫助你往自己的事業目標邁進。
- **回應**：假設你想要這個任務，可以回答：「可以商量。我蠻想處理這個案子的，但目前手上的工作太多，可否先指派他人，或者暫緩一下？」
- **注意**：當你的工作量已經滿檔時，做更多不等同於增加就業保障。相反的，那可能會嚴重升高你的焦慮，並降低你的工作效能。

- 255 -
下午四點半時，你老闆說：
「你今晚可以多加幾個小時的班嗎？」

- **發生了什麼事**：拒絕老闆很難，若你已經有其他計畫，就更難了。你納悶你的拒絕是否會危及你的工作，但晚上的計畫

若泡湯了，你卻可能傷害一段友誼或你的愛情生活。你不會因為婉拒老闆最後一刻鐘的請求就被判死刑，一個理由充分的「不」，這時可派上用場。

● **回應**：「我很樂意加班，但今晚不行。我有一個必須履行的承諾，但這星期的其他晚上都可以。」

● **注意**：請衡量情況並判斷：你是真的被需要，或只是你的忠誠度正在接受考驗。先在腦袋裡把以下幾個問題問過一遍：哪些工作是最重要的？截止日期是何時？你能在白天完成那些工作嗎？接下來的主要工作裡有哪一些是需要特別準備的：會議、簡報，或到其他城市拜訪客戶等？或者，這是你老闆的標準要求模式，因為他自己除了工作外，沒有私人生活？這是他誇耀權力的方式嗎？

- 256 -
「我只信任由你打電話給這些人。」

● **發生了什麼事**：真是笑話。你的上司以為他在唬弄誰？辦公室裡多的是跟你具有同樣條件、同樣經驗的人，他們也能打那些電話。

● **回應**：「提姆和辛西雅都能把這些訪談做得跟我一樣好，也許更好。」

● **注意**：不需明講，但讓對方明白你很熟悉他的那種奉承。你可提供完成事情的建議，讓自己脫身。

- 257 -

「你可以幫我完成強生公司那個案子嗎？」

- **發生了什麼事**：你很想幫你同事（或老闆）的忙，但這一週的工作已經滿檔，你若能按時完成自己手上那些緊急的業務，就要感謝上帝了。在你說「不」之前，請確定你的拒絕不會對你自己或你的團隊造成負面影響。
- **回應**：「我很想幫你，我知道強生的案子對我們公司的利益很重要，但是我必須先完成手上這些緊急的業務。」
- **注意**：說「不」通常是一個時間管理的問題：在你接受一個請求前，請考量你當下必須優先完成的事情。設下限制很重要，如此你才能避免因為說太多的「Yes」而淹沒在過量的任務中。對你拒絕的案子，可以提供少量的協助，例如提供意見、協商、幫忙傳話，或有空時適時投入等。

- 258 -

「羅倫斯已經提出辭呈了，
我想把他的工作內容分配給你和艾莉森。」

- **發生了什麼事**：你知道羅倫斯準備離職，但你沒想到他的業務竟然會移轉給你。你不能拒絕，但你需要進一步的訊息。
- **回應**：「我們什麼時候會雇用替代羅倫斯的人手？」或者「這是暫時的安排嗎？」「你必須告訴我希望哪項工作先完成，因為接手他的業務肯定會延緩我其他工作的進度。」
- **注意**：在你接手離職同事的業務時，提出你必須承擔額外工

作多長時間的相關問題，可讓老闆知道那個附加的業務量會
成為你的重擔。詢問工作進行的優先順序，則可降低老闆對
你完成任務期限的預期，並給你多一點喘息空間。

- 259 -

「我最優秀的一名屬下離職了，

你能接替他的工作嗎？

那個職位更適合你，而且薪水很高。」

- **發生了什麼事**：你在目前的職位上只有很短的時間，因此這
  個提議聽起來不應該拒絕。你的表現不錯，老闆想要給你一
  個責任更重、薪水也更高的重要職位，但同時你出差的次數
  也將增加：相較於目前所需的一週一、兩次，未來你可能得
  一週出差三到五次。你覺得任何腦袋沒問題的人都會接受這
  個提議，但是，請三思。你知道你能夠勝任那個工作，但卻
  有許多考量：你正在談戀愛，而且你們的關係看起來似乎能
  成功，但如果你每一週的每一天都在出差的話，那你們恐怕
  就不能修成正果了。或者，也許你剛結婚沒幾年，最近也才
  剛生了寶寶。或者，孩子們還小，你希望能多花一點時間陪
  伴他們。
- **回應**：「你這麼看重我，真叫我受寵若驚，但目前我無法承
  擔更多的出差次數。非常感謝你。」
- **注意**：要仔細分析那些吸引人的提議，以及它們對你的事業
  和個人生活可能造成的影響，如此，你才不會到最後負擔過
  重或犧牲了自己的個人生活。

- 260 -

「你可以在十一月的科羅拉多會議中發表演說嗎？」

- **發生了什麼事**：雖然你不喜歡演講，但十一月離現在還有六個月的時間，誰會那麼早就開始計畫或擔心呢？在你說「Yes」的同時，你看起來好像只是一個用來填補議程空缺的英雄。
- **回應**：「謝謝你給我這個機會，我真的很感激，不過我必須放棄。」
- **注意**：當一件事會在比較遙遠的未來發生時，我們通常會用廣義的方式思考它，而不會想到執行時其所可能牽涉的麻煩和問題。一旦會議的時間逐漸逼近且準備演講內容變得緊迫時，你可能就會因為自己的承諾而倍感壓力和焦慮——那感覺一點都不值得你幾個月前所受到的讚美。

- 261 -

「我想給你更多發揮的空間（更高薪的職位、較佳的行程等）。
你覺得如何？」

- **發生了什麼事**：有時候，一個提議聽起來好像是額外的好處或升遷，誘使人想立刻去抓住那個機會。但除非你對那個位置很熟悉，否則，將來可能會有讓你吃驚的事情。
- **回應**：「你的提議真好，但我現在還不能說『是』或『否』。過幾天我再給你回覆。」
- **注意**：要確定對方的提議是真的能促進你的工作現況，或讓

你在某方面有所提升。你會因此而有較多的收入嗎？很快就會或最終將會有職位上的升遷？

- 262 -
你桌上的電話響起來。
「你現在有空說話嗎？」

- **發生了什麼事**：每當你接到電話時，你的本能反應通常是放下手上的一切。當你分神或忙碌時，你的傾向是投入那個談話裡，而不是冒險得罪電話線另一頭的那個人。你覺得頂多講個一分鐘，很快就可以擺脫來電者，但事實通常不然。假如你安排其他的時間談話，就比較能夠專注在來電者及其談話的內容上。
- **回應**：「我等一下再給你回電。我正在忙著……」或者「十分鐘後給你回電，我先把手上的工作完成。」
- **注意**：假如來電者（即便是你的上司），問你是否有空講電話時，即便你讓他稍等一會兒，他也通常不會因此就覺得受到冒犯。

- 263 -
「把你的工作郵件信箱連到你的手機吧。」你的老闆建議。
「這樣我們就可以隨時保持聯繫。」

- **發生了什麼事**：從你開始在這個公司上班起，你就注意到，每個人都是跟自己的工作郵件綁在一起。這是一個非常忙碌

的公司，但你並不想當一個全天候被客戶隨傳隨到的人。不管白天、夜晚或週末，只要一有郵件進來，你的手機就會震動或響起來的話，那可是超級困擾的事。

● **回應**：「我會特別注意我的業務信箱。我不認為將郵件和手機做同步連結就比較好。」或者「如果公司給我一支公務手機的話，我可以接受。」

● **注意**：改變對方的要求，讓該要求變得容易接受和處理。對於你個人願意犧牲多少時間，你必須胸有成竹並設下底線。除了緊急任務外，在夜晚或週末接到與工作相關的電話，不但侵犯你的私人生活，也通常超出責任範圍。

- 264 -

「你真有效率！」

看到你一上午忙碌地一件件完成任務，你的經理讚美道。

「你可以在五點前再多處裡一份報告嗎？」

● **發生了什麼事**：是的，你很有效率——那是因為你想要盡量完成工作清單上的任務，然後在沒有壓力的情況下回家。但另一方面，你也相信，將額外指派的工作做好，意味著你將有更多展露自己的機會。

● **回應**：「我很高興你注意到了。我希望把你指派的報告做好，但你可否將期限延至明天或後天？」

● **注意**：同意多接一項工作卻無法順利完成，可能反而會破壞你的聲譽。當你接受額外的任務時，記得要給自己實際能夠成功的機會。

- 265 -

一則新的通知進來：「本月業績第一名獎金一百美元禮卷！」

● **發生了什麼事**：你在工作上一直很賣力，不但工作時間長，連週末都加班。那個獎勵激起了你的競爭鬥志，但這段期間你正好有一些私人問題需要時間去處理。
● **回應**：告訴自己：「我下次再贏。」
● **注意**：我們時常掙扎著對自己說「不」。要求自己表現傑出或勝過同儕、萬眾矚目，並不一定是正確的選擇。放自己一馬吧。

- 266 -

「裘琳今天請了病假。」
你老闆在每週一次的內部會議上宣佈。
「你可以幫忙審查這些設計稿吧？」

● **發生了什麼事**：你的履歷上並沒有顯示你能勝任這個指派的任務。你懷疑老闆會對你提出這個要求，是因為你在公司裡最年輕，也最資淺。你立即擔心無法完美達成那個任務。
● **回應**：「我不確定我是否能跟裘琳一樣做得那麼好，但是我很願意嘗試。」
● **注意**：你不能合理地選擇退出所有指派。說「不」會讓情況尷尬，但是你可以讓老闆感知你的壓力，並因此不致期待你的分析報告會和某經驗豐富的同事一樣好。

- 267 -

「我有消息要告訴妳：妳的五美元調薪要求沒有通過。

但是，我們可以將妳在店裡的消費折扣降低到三折。」

- **發生了什麼事**：妳已經在這個服裝店工作了兩年，於是向老闆提出了自認合理的調薪要求。但妳的老闆不僅告知不予調薪，還試圖用一個高額的商品折扣加重那個打擊。那個折扣很吸引人——妳這輩子的衣櫃都可以塞得滿滿的——但那對妳的房租一點幫助都沒有。
- **回應**：「謝謝，但是，老實說，我需要錢來支應生活所需。您可否給我一個折衷的選擇？」
- **注意**：展現妳的感激——即使妳不覺得有任何感激——以保持溝通管道的暢通。如果妳最後決定找一個較高薪的工作並且需要前雇主的推薦，那麼妳最好跟妳的老闆維持一個正面的關係。

捍衛自己

在工作上有時會承擔超過自己能力範圍之事，以求得升遷或提高聲望，這是一回事；但包攬過多責任且對接受額外工作總是大方以對，則是另外一回事。為了給某個承受壓力的同事或老闆施恩而賣力付出，很可能會形成一個問題模式：當額外的任務需要有人來完成時，你覺得老闆和同事會向誰求救？當事情出了差錯時，他們又會指向誰？當然是你。

你也許擔心，如果說「不」的話，你可能會有失業的風險。你也許覺得，能幫助他人更輕鬆地工作，讓你很快樂。試問自己：我幫某個同事的次數是否遠超過他幫我的？我答應老闆緊急的要求，是否是因為我想要每件事都能順利地進行？從這點來看，你恐怕想太多了，以至於你不是用你真正的工作職能、而是用你的成就來定義你自己。

為了專心投入符合你自己角色的任務，請先做出一份當天或該星期你想完成的待辦清單來。把它放在你面前，如此你就比較能夠拒絕會妨礙你逐項完成任務的那些要求。假如某個同事糾纏你、向你討要不重要的人情，這時你就可以看著那張清單並對自己說：「這不在我的待辦清單上，也不是我優先待完成的事項。」

- 268 -

「我這星期累壞了。你能把剩下的工作完成嗎？」
你的同事給你寫了一封郵件，
並附上你們原本平均分攤而他自己卻未完成的那一半業務。

● **發生了什麼事**：沒有道歉、沒有下次換他幫你做的承諾，甚至沒有一句感謝，顯然你這位同事視自私為理所當然。你知道假如每個員工都無私的話──對他人付出遠多過為自己爭取──這樣對公司比較好，因此你想要為整個團隊多做一點。但是，你同事的要求為何讓你覺得暴躁呢？

● **回應**：「很抱歉你這週這麼辛苦，但我已經分配好完成我自己這一部份的時間了，你得自己想辦法。」

● **注意**：他是在為自己找藉口。他的態度好像你一定會幫忙他

似的。請把精力奉獻給那些會感激你的同事。

- 269 -

「幫我看一下這個好嗎？」

跟你同辦公室的同事說，並將一份報告丟到你桌上。

「我想確定內容看起來沒問題。」

- **發生了什麼事**：你把一天的許多時間花在回應他人的危機上，只要有人提出要求，你便伸出援手。那是一個好員工該做的事，不是嗎？今天的校對要求只不過是你那位同事經常開口的另一件小事罷了。真叫人疲勞。
- **回應**：「我此刻幫不上忙。」
- **注意**：辨識你的善意是否總是遭到利用的一個好方法就是問自己：「這個傢伙在開口前可曾有任何遲疑？他（她）可曾試圖回報你的恩惠？」你應該只對那些你知道自己幫忙後仍能感到精力充沛的事情說「Yes」。假如你對自己的慷慨付出感到不開心，那麼你可能會變成一個再也不願意幫忙任何同事的員工了。

- 270 -

「我會陪你出席會議，

我要去給你支持和加油。」

- **發生了什麼事**：過度介入你的事業的同事，可能會因為太侵擾而讓你覺得窒息。你在事業道路上的每一步，他們都黏著

你，因為他們覺得在護衛你，或因為他們相信，跟你的連結
能讓他們看起來很重要。

- **回應**：「謝謝你的提議，你人真好。但我必須自己對付這一
  次會議。」
- **注意**：要辨識這個人是否真的在支持你，還是只想借助你在公
  司裡的有利職位，或者他認為你目前或未來所取得的成功。

- 271 -
「你在 LinkedIn 網頁上的個人檔案照片沒有本人好看。」
你同辦公室的同事告訴你。
「你真的應該選一張比較專業的。」

- **發生了什麼事**：你的同事一向專橫獨斷，最喜歡給你下指導
  棋。因為他在公司的資歷比你深，你願意相信他知道自己在
  說什麼，但你已經開始對他動不動就批評你感到厭煩了。
- **回應**：「謝謝你的建議。」或者「我會好好考慮你的建議。」
- **注意**：最佳的事業忠告通常是正面的，且來自真心關心你利
  益的人。

- 272 -
老闆在跟你要年終分析。
「你可以在這個星期五前給我嗎？」

- **發生了什麼事**：幾個月前你就知道截止日期，但是因為其他
  更急迫的任務而一直未能著手進行。老闆知道你並不是一個

懈怠的人：如果你能在星期五前把他要求的東西拼出來，你
　　一定會。但如果你答應他在星期五前交出年終分析報告，那
　　麼你就必須每天熬夜。你最好跟老闆坦言，然後看他要你怎
　　麼做。

● **回應**：「不行，星期五前無法做出來。我需要延期。」

● **注意**：做出無法兌現的承諾會讓一個人看起來不能勝任。當
　　新計畫阻礙或延緩其他計畫時，你要讓老闆知情。請跟他協
　　商一個新的截止日期。

- 273 -
「我知道你不想做這件事，
但可不可以麻煩你將昨天開會的重點整理出來？」

● **發生了什麼事**：老闆所用的字眼重點不在於他要求你做什
　　麼，而是如何要求你。你覺得他並不想叫你做——他有在為
　　你著想，不想增添你的工作量。那句開場白「我知道你不想
　　做這個」的目的，就是要狡猾地瓦解你的抗拒。

● **回應**：「我手上還有很多工作在排隊，我不知道何時可以輪
　　到這件事。」

● **注意**：注意那些會騙走你的抗拒、目的是為了讓你更樂意接
　　受指派的陳述。

- 274 -
「這些信件數量龐大，且必須在今天下班前全部寄出去。
你可以在午餐時幫忙將它們裝入信封嗎？」

- **發生了什麼事**：做事可靠是一個好聲望，但當同事們總是開口要求你幫忙做耗時費力的雜務時，那對你的聲望並不會有加分的效果。為了打破循環，請開始拒絕那些除了拍拍你的肩膀外不能為你贏得任何好處的瑣事。要將事情單純化。
- **回應**：「我很想幫忙，但今天不行。」
- **注意**：有時答應，但不能每次都答應。一旦你的同事瞭解你不會再理所當然地幫他們做繁雜的工作時，他們在開口前就會猶豫。老闆的情況則不一樣，當他要求你做些小事情時，你對於說「不」就要謹慎。

- 275 -

「我需要妳 19:00 的時候過來幫我遛狗。」
妳的老闆在 18:45 給妳這個小助理發了一則緊急簡訊。
「我今晚有一個重要的晚餐會議。」

- **發生了什麼事**：妳很需要這筆遛狗的額外收入，而且也已學會了怎麼應付妳老闆的自戀傾向，但是，這個隨傳隨到的緊急要求越過界線了。妳所搭的火車馬上就要抵達妳下車的那一站，妳不可能再搭車回去辦公室，然後去她家。
- **回應**：訴諸邏輯。「我在火車上，再兩分鐘就到我家那一站了，我趕不及回去幫妳遛狗。以後如果需要我留晚一點的話，請通知我。只要提前告知，我隨時都樂意幫妳遛狗。」
- **注意**：要跟嚴苛的老闆維持一個和諧的關係，不是一件容易的事。如果妳想保住工作，就要避免給對方一個直接又僵硬的「不」。最好是保持冷靜，並訴諸於理性。切莫引發爭

論，因為那樣妳遲早都會輸。

- **276** -

你在臉書上接獲一則邀約。

「希望你的新工作一切順利！」

你的某前同事在問候之外，順道提出了一個友善的邀情。

「很希望跟你保持聯繫，一起喝杯咖啡聊一聊彼此的近況吧。」

- **發生了什麼事**：你早就聽說自從你換新工作後，他就被資遣了，而且想要到你的新公司求職。你以前跟這個同事曾有過衝突，覺得他這種攀關係的伎倆令人厭惡。
- **回應**：「我最近行程太滿了，過幾個月再找時間碰面吧。」
- **注意**：小心不要截斷了所有事業上的退路，以免將來也許有需要。如果你們不小心遇到了，要記得你們之前沒有碰面，是因為你說你太忙。

- **277** -

「麻煩你幫我看看傑洛姆的報告，並給我一些意見。
我知道這個要求有點過分，但是……」

- **發生了什麼事**：請注意要求者的猶豫和搖擺。傑洛姆並不是你們單位的人，再者你也不完全瞭解他的報告內容。那個要求者可能是想要藉由多方意見保護他自己，但你不想侵犯他人的專業領域。可能的話，就給對方你拒絕的根本理由。
- **回應**：「不，我對他的報告不夠瞭解，無法給出有力的意

見。找一個跟傑洛姆同單位的人吧，他（或她）應該比較能
夠提供具有價值的看法。」

- 注意：擺出一副萬事通的樣子會適得其反。說「我不夠瞭
解」這種話反而會被接受，即使對方不以為然。切勿給要求
者一個聽起來好像「狗吃掉了我的作業簿」那種荒謬的藉
口，誠實可以獲得更多積分。若是可能，就給對方一些建議
或商量出一個解決的辦法，如此不但能夠幫你自己脫身，也
能讓對方的工作順利完成。

- 278 -

「今天有一位新助理報到，我希望由你來訓練他。」

- **發生了什麼事**：全公司的人都知道，你以前是坐在經理室外
面的那個「菜鳥」。有時他們仍然覺得你還在做那個職位的
工作，但是你早就努力地爬到你現在所擁有的高階位置了。
- **回應**：「我很樂意，但是我明天有一場重要的簡報會議（客
戶約會、大型專案要完成等），恐怕沒有時間。你不覺得由
另外一個助理帶他，會讓他比較自在些？」
- **注意**：一旦被視作培訓員，你就必須立即提醒人們，那已經
不是你所扮演的角色了。

- 279 -

「你年輕、悟性高，可不可以教教行銷部門的人如何使用推特？」
你的經理問你。

- **發生了什麼事**：你在這個公司基本上還是個新人，而每個人都把你當做一個既年輕、又懂科技的夢幻員工看待，以為你可以身兼資訊部門的技術人員（當然，沒有額外加給）。你確實提供過一些技術方面的建言，但絕對不是一個社交媒體大師。你老闆想將這個問題轉嫁給你，如此他就可以躲避面對這個問題。

- **回應**：「謝謝你問我，但是我的技術和知識不如你所想像的那麼厲害。公司最好雇請一名專業的社媒行銷人員，或考慮短期聘用一位外來的顧問。」

- **注意**：承認自己的拒絕所可能造成的困境或問題，並給對方提供一個解決的方案，能讓你的「不」比較容易被接受。請用最坦誠的態度明確地傳達自己的想法，如此，被你拒絕的人便會認可你其實想幫忙。

- 280 -

「艾丹，你可以再教我一次如何轉移這些檔案嗎？」
一個較年長的同事從辦公室的另一頭叫你。

- **發生了什麼事**：你已經多次教這個「勒德份子」（luddite，反抗技術革新的人）如何使用他的電腦了，而且從無怨言。但現在，他要再一次地告訴你，當一個才進公司幾個月的新人應該有什麼做人的道理。

- **回應**：「沒問題！讓我一併幫你把步驟清楚地寫下來吧。」

- **注意**：把你當作技術人員使喚，可不是一個善用你寶貴時間的方法。按部就班的操作重點提示，可以向對方強調：這是

他可以自行解決的事情。

- 281 -

「妳出去吃午餐時，

可以順便幫我買一瓶阿斯匹靈和一雙黑色褲襪嗎？」

- **發生了什麼事**：妳是公司的助理，不是老闆的私人助理。在公司裡，最低階的位置有時就像一個折磨人的地方；但正是因為在那裡，一個人更該學習如何捍衛自己。
- **回應**：「我今天帶了午餐，不會走出這棟大樓。」或者「午餐時我要跟某人碰面，恐怕沒有時間幫妳。」「如果幫妳買東西的話，我可能無法準時完成先前指派的業務。」
- **注意**：切勿幫老闆跑腿或當她的私人採購人員，否則妳很快就會發現，妳得在午餐時間幫她的愛貓買貓砂，或給她生病的親友買慰問卡。

- 282 -

「我有一個感覺，大家好像對公司的新制度不太滿意。

但你跟我是同一陣營的，對吧？」

- **發生了什麼事**：你的老闆正在進行一項不受團隊歡迎的改革任務：重整公司的管理架構。大部分的員工都認為，那是一種不公平的微觀管理法，但你的老闆希望你能夠承認他此舉的正確性。你並不認為他的理念是好的，並且對其他同事表達過此看法。你過去曾經對他說過善意的謊言，以便自己看

起來比較像一個努力打拼的好員工，但你害怕你的同事們會
對你的奉承巴結感到鄙夷。

- **回應：**「我瞭解你的視野，但我不確定每個人是否都贊同你
的做法。我想我們都需要一點時間才能適應你的理念。」
- **注意：**贊同老闆的看法或許可在短期內贏得他的好感，但卻
會讓你跟同事或屬下之間產生嫌隙。將保留意見陳述給與你
密切合作的夥伴，並藉此支持他們。

身為老闆

不管什麼層級，一個容易說「Yes」的上司，每天都像是在坐
翹翹板。你很想要跟那些為你賣命的屬下及客戶們維持正向的和諧
關係，那意味著你要懂得開玩笑、聊八卦節目，或者與他們的配偶
及家屬們聚會，之間的界線很容易就模糊了。

即便是最有手腕的高階主管，也需要面對說「No」的問題。
隨著位高權重而來的，是複雜的要求、產生緊張的機會以及更多層
面的義務等。管理不同個性的屬下及其工作表現、平衡辦公室關
係、替公司和客戶守住底線等，這些都可能把老闆的權力動態搞得
一團糟。

對喜歡討好屬下的主管而言，陷入說「Yes」的習慣，可能會
製造影響員工和諧的紛爭，或傷害客戶關係及公司的生產力。有時
為了打發一件事情，受到壓力的老闆會在思慮不周的情況下，答應
某員工的要求。答應要求，尤其是那些實質上不能也不該被通融的
要求，通常會妨礙你領導的效率。

　　加重劑量的默許會導致突兀、有時甚至是爆炸性的反應。身為老闆或主管，你對屬下最好維持強硬且前後一致的底線，切勿這一刻溫和體貼、下一刻暴跳如雷。比起不確定老闆會如何反應，員工在面對可預期且管理風格前後一致的上司時，比較不會感到壓力。

　　簡單地說，如果你是個管理者，那麼你最好把「不」這個字掛在嘴邊，要選擇那些既能拒絕屬下的要求、又能告訴對方你重視他的才能的語言。說到與業務、公司或客戶相關的事情時，你的用詞遣字要清晰、明確。

- 283 -

「我會在星期六中午前把這個簡報準備好，

然後把它寄到你的信箱，所以請注意你的手機。」

你一個勤奮的屬下在星期五早上告訴你。

- **發生了什麼事**：你的員工們都已經變成了工作及手機的奴隸了，而那對任何人的表現一點幫助都沒有。
- **回應**：「不需要那麼急。我的手機週末不開機，你的也應該是，我們都需要休息。我星期一早上再看。」
- **注意**：最新的研究顯示，持續性的「插電」對同事關係和員工的健康都有負面效果。在夜晚及週末加班所造成的壓力，會造成工作表現不佳和焦慮。如今越來越多的公司會鼓勵他們的員工適時「斷電」。

- 284 -

「我真的需要這個工作。
你可以用試用的方式雇用我嗎？」

- **發生了什麼事：**你亟需幫手，而那名應徵者有很棒的履歷，且看起來人也很不錯。然而，你覺得他具有一點侵略性，而那樣的性格可能比較適合另外一個部門，而不是你這裡。該應徵者的過度積極恐怕會與同部門其他共事者產生摩擦。
- **回應：**「你不是我們這個部門此刻需要的人。」
- **注意：**要相信自己的第一個直覺，尤其當你瞭解其他與這個部門互相牽涉的人力時。即使那代表在你找到適合的人選之前，每個員工都必須多辛苦一些。

- 285 -

「布萊恩的組織系統很混亂。我怕他會跟不上某些重要的進度。
你可以告訴他嗎？」

- **發生了什麼事：**某個吹毛求疵的員工因其同辦公室某同仁的混亂而心生不滿，並要求你來當裁判。提出這種要求根本就是在浪費你的時間，而且你也不想要員工把你當成一個他們可以告密的人。然而，你也同情他所受到的困擾。
- **回應：**「你有跟布萊恩提過此事嗎？我覺得你可以幫他整理一下，不需由我去當壞人。先試試看吧！」
- **注意：**像父母般介入仲裁，會給你自己增添不必要的負擔。

- 286 -

「沒有將那個重要訊息送出，我真的非常、非常抱歉！」
技術部門的某員工向你致歉。
「這不會影響我們之前談過的升遷機會吧？」

- **發生了什麼事**：你這位手下很聰明，通常也很盡責，但這次他犯了一個巨大的錯誤，將你置於水深火熱之中不說，也讓你對幾個重要客戶以及你的上司都無法交代。危機處理過後，你不禁懷疑他是否有能力承擔更重大的責任。他非常懊悔，而你也不想打擊他，跟他說有可能因此不能獲得升遷。
- **回應**：「你的表現通常很到位，但這次錯誤發生得很不是時候。我會盡量讓其他人忽視這個錯誤。」
- **注意**：切勿承諾他的升遷沒有問題。跟他解釋，你並不是唯一能決定他的升遷的人；跟他強調，你很欣賞他的貢獻，並且會盡你所能幫他。

- 287 -

你到達辦公室前接到一則簡訊：
「嗨，老闆，我又得帶琳賽去看醫生了。今天沒法去上班。」

- **發生了什麼事**：你的員工遭遇到了困難，你想要當個能夠理解家庭壓力和緊急狀況的老闆，你也已經二話不說的給予她額外的請假天數，因為她的工作表現一向是頂尖的。其他同事也已盡力幫她的忙，但你知道他們很不高興。
- **回應**：「很遺憾聽到這個消息。等妳回來上班時，我們再談

談如何幫妳在照顧女兒的同時，仍能趕上工作進度。」

- **注意**：身為老闆，你需要理解員工，即使是在情況最艱困的時候。展現你的支持與同理心，但也要讓對方一起想辦法解決因她的缺席而對其他人所造成的影響。

- 288 -

「這個客戶太不可理喻了。」你最得力的屬下很挫折地說。

「我哪有辦法完成這些不切實際的要求？

你可以把這項業務轉給其他人嗎？」

- **發生了什麼事**：你的員工有充足的理由不開心，但他是最適當的人，也是公司裡唯一能夠對付那個客戶的人。將業務轉給另外的人處理，將會給客戶傳達一個錯誤的訊息。
- **回應**：「不許爭辯。這個客戶也很挫折，但我相信你是最能夠配合他們要求的人。讓我們一起想想辦法，每次他們提出不合理的要求時，你要如何反應比較好。」
- **注意**：你要做的不只是確保你的員工能夠完成要求，更是要指導他們解決事情之道。你自己切莫說客戶的壞話，那樣可能會影響你員工努力的動機。

- 289 -

「真是狗屁不通！」

你的一個屬下嘶吼道，聲音大到整個辦公室的人都聽得見。

「彼得每天上班都遲到，

而他進辦公室前，我就是那個必須幫他做他份內事的人。

你不能每次都讓他過關，你得炒他魷魚！」

- **發生了什麼事**：你這個屬下是個勤奮工作的人，但是脾氣很暴躁，而你痛恨他每次一發飆就當著公司眾人質問你。在過去，你總是逃避問題，儘量安撫他的脾氣並屈服於他的要求，但這種當眾暴發的狀況已經給其他人立下了危險的先例，彷彿每個對其他同仁不滿的人都可以對你大吼大叫似的。
- **回應**：「冷靜一點！你的抱怨言之有理，我們會開個會跟彼得一起討論這個問題。」
- **注意**：處理情緒失控員工的唯一方法，就是展現穩定、冷靜的領導能力，並希望暴跳如雷的屬下會學習模仿。

- 290 -

「我看不到這個行銷活動有什麼成效。」

一名新進員工給你寫了一封郵件。

「我怕我正眼睜睜地看著那筆預算付諸流水。

你可以降低費用嗎？」

- **發生了什麼事**：一開始你就已經跟這個新進員工溝通過了，建立產品的接受度需要時間，但耐性似乎不是他的強項。你

不想傷害自己,但真的想要客戶們繼續對產品感到滿意。

- **回應**:「我理解你的看法,但我跟你保證,只要多花一點時間,你就能看到實質的成效了。我不能降低費用,但我們可以商量降低時數。雖然就我的經驗來看,行銷活動的時間正是奇蹟發生的主要原因。」
- **注意**:你可以在不貶低自己努力的情況下,試著和藹地與對方達成一個協議。

- 291 -

「明天下午我可以到你的辦公室向你請教一些問題嗎?」
一名新進助理寫信問你。

- **發生了什麼事**:明天下午不是一個好時機,因為你剛好有幾個會議要開,還有商務電話要打。
- **回應**:「明天下午不行,後天可以嗎?我早上十一點及下午兩點和四點有空。」
- **注意**:用「我很忙」或「抱歉,不行」這種簡短的回答,表示你的員工可有可無。沒有給對方可以見你的確切時間,可能會讓他以為「我只是個嘍囉」或「不管我想要做什麼,都不重要」。

- 292 -

「很不好意思跟你提出這個請求。
我需要預借下個月的薪水,可以嗎?」

- **發生了什麼事**：你知道你的屬下最近遇到了難關。他最近添了寶寶（孩子動了一個費用高昂的手術、買了新房子、老婆失業了……），你也瞭解他正在承受的經濟壓力。
- **回應**：「很抱歉，你的要求違反了公司的政策。」
- **注意**：如果你給自己的某個屬下批准預借現金這種事情的話，你就會受到嚴重的質疑。其他選擇：從你的個人帳戶借錢給他，如此你便可避免傷害到自己在公司的形象。

- 293 -

某個客戶來電，在電話裡頭對你大吼道：
「我們這邊已經做了改變。
今晚你們要把所有的東西做出來，讓我明天一早就能拿到。
我不是在開玩笑，沒有藉口，不然我炒你們魷魚。」

- **發生了什麼事**：這是個難搞的客戶──他從你們開始合作的第一天就是這副德性了。他把你和你的團隊都快逼瘋了。有時候，你都不得不問自己，他所給的費用是否值得那麼多麻煩事。如果你把精力花在找一個比較和氣且理性的客戶上，那麼整個公司的運作是否會比較順暢呢？
- **回應**：「明天不可能把東西給你。之前你們告知我們，期限是這個週末，到時我們一定會把一切準備好。」
- **注意**：威脅和嚇唬會製造不可思議的壓力，你需要這種沒有通融餘地的客戶嗎？在你捨棄這個客戶之前，請先評估你們公司可能的損失，然後決議如何取代他，並確認所有與此決議相關的人都被諮詢過了。

- 294 -
「嗨，老闆，你要出來跟我共度歡樂時光嗎？」

- **發生了什麼事**：你曾經跟那些同事們一起衝鋒陷陣，自從你升遷後，你很高興他們仍然喜歡你，會想找你一起出去玩。然而，繼續這種你們曾經共有的親密是否會傷害你的新權威？假如你拒絕，他們是否會覺得你不像以前那麼親近了？
- **回應**：「兄弟們，今晚不行。我已經有晚餐之約了。」
- **注意**：這是管理者必須做的事──有些人把它視為問題──在公事與休閒之間劃下那一道線。如果他們再度邀請你，那就去試探一下，看看一起出去玩會不會危及你們的上下屬關係。

工作與休閒

　　不管你是老闆、新手，或介於兩者之間的身分，在辦公室之外與同事的互動都隱含著考驗。社交媒體告訴我們，接受同事的善意邀約是一種禮貌，但這也讓真正的朋友和同事之間的界線變得更加難以定義。

　　如果你像大多數人一樣，那麼在算是朋友的同事，與那些如果沒有必要你不會在下班後與之廝混的同事之間，一定有一條微妙的界線。除非這種決定會在某方面影響你的形象，否則你比較會傾向於跟那些既是同事也是朋友的人共度下班後的時間。

　　那些表面上看起來像是愉快的邀請，有可能會讓你覺得是一種嚴重的打擾。舉例而言，假如你跟某個同事交好，那麼參加他的

婚禮便是一件令人愉快的事。但如果這個同事對你而言只是辦公室裡的另外一個人罷了，那麼他的婚禮將成為你一個昂貴的煩惱，因為它會耗掉你一個寶貴的週末。當你自己很明確知道哪個同事是朋友、哪個又只是基本的同事關係時，那麼是否要將工作與休閒結合起來，就會顯得比較不複雜了。

事先決定你的業務核心及與業務相關的道德立場，有助你完成以下兩個目標：一，你知道自己要什麼、願意做什麼，以及與誰合作；二，你比較不會因為對不便或可能的反彈考慮不周，而被拖進自怨自艾的處境裡。

- 295 -
「我們應該共乘上班，我正好會經過你家。」

- **發生了什麼事**：共乘有許多便利性——塞車時有伴、節省油錢，以及有時間整理當天的行程或討論與工作相關之問題等。然而，你瞭解你自己：如果他來接你時遲到幾分鐘，你會很緊張；如果你有重要的約會或需要幫孩子做什麼時，就需要早一點出門；或者你想要晚一點到……。你將無法做心血來潮的決定，或是下班後出外晚餐，或因前一天出差第二天不想太早進辦公室。也許路上你比較想聽有聲書或新聞節目，而不想談辦公室的事情。
- **回應**：「這是個好主意，但我的行程不固定。」或者「我通常利用開車時間放鬆和聽音樂，謝謝你的提議。」
- **注意**：如果你覺得自己的彈性會受到壓縮，或你同事或你的行程若忽然改變的話會讓你覺得挫折，那麼不如自己開車。

- 296 -

「下午一點鐘要一起午餐嗎?」你的同事給你一則簡訊。
「到我辦公室這邊來。」

- **發生了什麼事**:沒有什麼特別理由,你今天就是想要自己一個人用餐,也許刷刷臉書上的訊息,或回覆你媽媽的簡訊等。上次你想要自己吃午餐時,你告訴這個同事工作需要趕進度,但卻被他逮到你在視訊聊天。這次你實在不覺得自己有必要再跟他人做什麼解釋。
- **回應**:「我今天工作很不順利。請不要覺得被冒犯,但我今天需要自己一個人放鬆大約一個小時的時間。」
- **注意**:每個人都需要一些空間,請跟你的同事強調這一點。

- 297 -

你同時接到數封電子郵件:
你本星期一開始上班的新同事,西耶拉,
想要跟你在 LinkedIn、臉書、Snapchat、Instagram
及推特成為朋友。
「嗨,美女!」她在訊息裡寫道,並附上一個友善的表情符號。

- **發生了什麼事**:妳的新同事很可愛,而且到目前為止妳們也處得很不錯。但妳對她在你們部門開第一次會議前就想成為妳全方位的朋友,忍不住翻了一下白眼。妳也曾經迅速地跟剛認識的人建立情誼,但後來想疏遠時,對方卻露出一副很受傷的樣子。

- **回應**：暫時不回應那些交友請求。她若親自問妳，便回答說：
「我不常使用社交媒體，但我會找時間查看妳的邀請。」
- **注意**：對一個新進員工抱持懷疑的態度，直到你弄清楚你想
要如何歸類你們的關係，是合理的做法。

- 298 -

「聽說你下班後在隔壁大樓的健身房運動，是嗎？

當你的健身夥伴一定可以激勵我多運動，

哇嗚，所以我可以借用那個激勵嗎？」

- **發生了什麼事**：你非常享受你那四十五分鐘的室內飛輪課，
而且不需任何的誘因就會去。你喜歡自己一個人去，那讓你
有機會思考與工作無關的事。
- **回應**：「那是我一整天中唯一能夠留給自己的時間。我不是
針對你，希望你能諒解。」
- **注意**：如果你運動時不需要或不想要任何夥伴，你就要保護
自己那一點點私人的時間。

- 299 -

在公司一年一度的節日派對裡，

當你正在給自己倒一杯蛋酒時，老闆向你走過來：

「我一直在思考著你下星期要做的報告。

你覺得我們改變一下主題如何？」

- **發生了什麼事**：整個公司的人都在放鬆，但是你老闆心裡就是放不下工作的事。老闆為何對你那麼看重的原因之一，就是他總是能夠跟你探討他的新理念。但現在，他根本就是在把一場歡樂的派對變成另外一場會議。
- **回應**：「我很樂意在下星期一當我腦袋清醒且充分準備時，跟你討論這件事。你的孩子們最近都在忙些什麼？」
- **注意**：如果你直接告訴你老闆不想跟他談公事，那樣聽起來可能有點突兀。試著改變話題：談談孩子們的近況通常是一個安全的選擇。

- 300 -

你正在辦公桌上埋頭忙碌著。

這時你與另外兩位同事的群組響起新訊息提示音。

「他今天真是有夠惡劣的，你不覺得嗎？」

其中一個同事給你一則批評老闆的訊息。

- **發生了什麼事**：你偶爾會給你的同事傳訊息，而且你們的關係還不錯，但是你不想這樣公然且有跡可循地在老闆背後嚼舌根。若是老闆不知什麼原因剛好看到那則訊息，怎麼辦？若是其他同事注意到你們在用訊息聊天卻把他們排除在外，怎麼辦？
- **回應**：「這個我們等一下再聊。」
- **注意**：辦公室裡的八卦會造成許多層面的危險。堅持在下班後的私密時間裡再發洩對老闆的怒氣，可以保護你自己。

- 301 -

「此事我必須一吐為快：安柏就是個大白癡。

我已經給她明確指示了，她卻還是把事情再次搞砸。」

在休息室裡，你的某位同事很激動地說。

- **發生了什麼事**：你的同事很聰明地不對安柏直接發飆，卻覺得可以藉由向你抱怨並尋求忠告時發洩怒氣。
- **回應**：「我最好不要介入你們之間的事。我猜人力資源部可以就如何處理這個問題給你一些意見。」
- **注意**：不要因為他向你求救而覺得受寵若驚，即使那意味著他可能很重視你的觀點或支持。容許他在你面前吐露心事，會讓你對那位將來可能有機會密切合作的同事產生不良觀感。遠離同仁之間的不和，是每個人在職場上安身立命的原則。

- 302 -

「你會參加公司的假期派對吧？」

- **發生了什麼事**：大多數的公司派對都非強制出席，雖然我們常常認為是。你若已婚且有孩子或其他社會義務，那麼老闆和同事們都會諒解你的缺席。大部分的公司所重視的都是員工在上班時間的表現，而非他們有多擅長社交或多會跳舞。
- **回應**：「我今年無法出席。」
- **注意**：幾天過後，很少人或根本沒有人會記得，你是否出席了派對。

- 303 -

「這個月最後一個星期六,我們要給艾倫舉辦產前派對,
妳會來參加吧?」

- **發生了什麼事**:淹沒在與工作相關的婚禮、生日派對、晚餐
  聚會、週五晚上的啤酒會或週末的狂歡派對裡,你根本就得
  把私人朋友都趕出自己的生命外了。假如你同意出席一個與
  工作相關的邀請,那麼其他同事的邀請你是否都非出席不可
  了?要如何在不冒犯他人的情況下,畫下那條線呢?
- **回應**:「我那天無法出席,但我會分攤購買禮物的錢。」
- **注意**:弄清楚哪些人對你的職位很關鍵、哪些人你則歸類為
  朋友,如此有助決定哪些歡聚的場合你非參加不可。

- 304 -

你接到來自臉書的一則通知:
「您獲邀加入『三樓會計團隊』群組!」

- **發生了什麼事**:你不介意跟幾個處得不錯的同事當臉書上的
  朋友,但龐大的群組一定會帶來許多你在工作之外並不特別
  想與之互動的人的請求。
- **回應**:別加入,然後再私下跟某位你信賴的同事說:「我不
  常使用臉書,如果有什麼與同事們相關的事件在群組裡提
  及,而且我應該知道的話,可否請你寫郵件告訴我?」
- **注意**:加入公司的臉書群組很少是職場需求。

- 305 -

「你還沒去過市中心那一帶的餐廳？
太帥了，那裡的選擇很多樣！」
你的新公司裡一位可愛的同事說。
「喏，給我你的手機號碼，我把相關訊息發給你。」

● **發生了什麼事**：你顯然吸引了那位新同事的注意。跟你要手機號碼已經跨過了個人與工作間的那條界線，你並不想鼓勵進一步的連結，但也不想要露出冷漠的樣子。
● **回應**：「最好是用公司的郵件信箱傳給我，你知道我的帳號。」
● **注意**：為了避免造成不舒服的工作情境，一開始要先保持距離。將來如果你有什麼更多的需求，可以再決定是否往前邁進一步。

- 306 -

奧莉維亞在妳桌上放下兩份渡假村的宣傳小冊，然後說：
「跟我一起去吧！我們一定會玩得很開心的。」

● **發生了什麼事**：妳跟奧莉維亞交情不錯，但也沒有好到那個地步。同住一個房間、懶懶地躺在沙灘上曬太陽、一天共進三餐等，那已經遠遠超過妳願意跟公司裡任何一個人綁在一起的時間了。一週五天、一天八個小時、再加上下班後偶爾一起小酌兩杯，對同事之間的相處而言，那已經足夠了。
● **回應**：「這幾個地方看起來美呆了，但我今年的假期已經計畫好了。」或者「我通常跟老朋友一起度假。」「我比較

喜歡一個人出外旅行。」「我的假期全都用來盡家庭義務
了。」「到這些地方度假的費用，我負擔不起。」「今年
我要待在家裡，以便存錢去墨西哥坎昆度假（如果是真的
話）。」

● **注意**：如果跟同事太親密會讓你困擾，那就不要考慮跟他一
起度假的事。遠離辦公室時，你會很容易吐露並不想讓公司
的人知道太多的個人生活隱私。

棘手的狀況

在職場上——職場外也是——有膽量的人就會要求任何人做任
何事。有過工作經驗的人都曾在職場遇到那種總是會想辦法把事情
弄得很困難的人，而那些特別有主張又保證會對你提出瘋狂要求的
人，可能就是你的老闆、同事，或某個咄咄逼人的客戶。

在職場遇到的許多困難，都是來自公司的負責人，也就是你
為其效勞的人，他們喜歡彰顯自己的職位及其職位所賦予他們的權
力。對他們其中某些人而言，工作就是生命，他們的存在與工作或
職責畫上等號。當一個人的世界圍繞著工作及其想要的成功打轉
時，他（或她）的要求就可能非常的不理性。

難搞的工作夥伴不斷地踩過你的界線，並且對此不以為意。指
使他人為自己所用或利用自己的職權獲取想要的利益，就是頤指氣
使的人運作的方式。你可以改變那種狀況，只要清楚自己要什麼，
你就可以跟對方協商一個替代的選擇。切記：請避免使用那些會削
弱你拒絕力道的含糊字眼，如「只要」或「抱歉」等，它們會顯露

你回應中的猶豫，進而讓要求者確定自己的要求是在他（或她）的權力範圍內。

以下的幾個例子會指引你如何應付某些較尷尬且複雜的狀況。

- 307 -
「我需要提早離開。

如果老闆問起的話，可否麻煩你跟他說我有點不舒服？」

- **發生了什麼事**：你的同事看起來健壯得很。他在要求你幫他跟老闆說謊，而他自己可能不會幫你做同樣的事。最重要的是，你若拒絕的話，他並不會因此就比較喜歡你或討厭你。
- **回應**：「我不覺得這樣做很恰當，你何不自己給老闆留一張紙條？」
- **注意**：切勿為了幫他人脫困，就放棄自己的原則。

- 308 -
「麻煩你幫我把這疊文件送到戈登家去，好嗎？

他想要在今天晚上把這些報告看完，你剛好順路。」

你辦公室的好朋友要求你。

- **發生了什麼事**：並不是真的順路。到戈登家去，你得走一條不同且交通較壅塞的路，而且他家附近通常找不到停車位。然後，如果戈登不在家的話，他就會到你家來取文件。而不管是哪個方式，最後他都會跟你聊個沒完沒了（要招斷戈登的話題是不可能的事，他是個健談的人）。

- **回應：**「恐怕不行。我今晚跟朋友有約,很晚才會到家。」
  或者「我今晚有事,要往另一個方向走。」或簡單乾脆地
  說:「我今晚幫不上忙。」
- **注意:**依據對他人的服務來評估自己的價值,是一個很糟糕
  的觀念。你可能一直都在幫這個朋友跑腿。

- 309 -

「麻煩你幫我給這位客戶回電話。他很難搞,
我想他跟你不熟,也許在聽取你的說明時,
不會像平常那樣問幾百個問題。」

- **發生了什麼事:**你也有自己難纏的客戶,但你卻從不會像他
  那樣,在辦公室裡隨便找個替身幫忙打電話,你的同事也不
  應該如此。你不需跟他點明他的問題,只要給他幾個不會連
  累到你的替代選擇即可。
- **回應:**「何不給他寄一封電子郵件,或給他傳真?如果我打
  電話給他的話,可能會讓他覺得很奇怪吧。」
- **注意:**提供對方貌似合理的選擇,既表達了你的拒絕,也可讓
  你不用因為說出「開什麼玩笑?你憑什麼以為我應該幫你做你
  工作中最不愉快的那部分?」這種氣話,而造成雙輸的局面。

- 310 -

「我們一起執行這個計畫,如何?」

- **發生了什麼事:**當你面對一個你知道不負責任、合作時不會

完成自己的分內事，或其職業道德會把人逼瘋的同事，在回答他的請求時，切記要保護自己。

- **回應**：「抱歉，我已經答應艾咪要跟她合作了。」或者「我可能會跟泰倫一起做。」「我現在沒時間再多做一個計畫。」
- **注意**：你完全不需要給對方一個很長的藉口或理由；在你拒絕時，當然也不需說任何傷害對方的話。

- 311 -
「你這次可以幫我出席多倫多的會議嗎？
我會回報你這份恩情。」

- **發生了什麼事**：跟私底下的好朋友一樣，公司裡也有這種隨口給出含糊承諾的同事。為了確保這次是真的，你可以這樣問：
- **回應**：「我接受這個條件。那就請你幫我處理亞特蘭大的會議所需吧！」
- **注意**：要事前測驗一個人的承諾，而非事後。如果你不能確認交換條件，那麼就應該直接開口說「不」。

- 312 -
「我已經給你寫了幾封有關長街計畫案的郵件。
我需要你馬上給我一份書面回覆。」
某分公司的經理在他的信件裡要求道。
嚴格來說他是你的上司，雖然你們工作的地點相隔好幾州。

- **發生了什麼事**：這不是你這個老闆第一次用郵件砲轟你，而且要求你立即書面回覆。你不想要把嘴巴能說的都記錄在郵件裡，但也不想因為忽視他的要求而激怒他。

- **回應**：你可以給他一封簡短的郵件：「當你有時間討論長街計畫案時，麻煩請打電話給我。」

- **注意**：當通信所牽涉的資料與訊息比較敏感，而你也不想要它們被記錄下來時，就跟對方溝通你想要以什麼樣的方式討論。要讓對方瞭解，用語音聯繫會讓你覺得比較自在，或直接的聯繫可以幫你擦出新點子和解決方案的火花。

- 313 -

「我不管你用什麼手段，

你必須爭取到更多的合約（客戶、業務、工作等）。」

- **發生了什麼事**：雖然沒有真的這麼說，但是你老闆卻在暗示你，不管是否光明正大，你要用盡一切辦法。他徹頭徹尾地在逼迫你使用你並不贊同或明知不道德的策略。

- **回應**：「這個我們必須談一談。對你的某些提議，我不能苟同。」

- **注意**：當被要求做不道德的事時，你要直接說出來、表明自己的立場，如此可以告訴老闆：他不能逼迫你或要求你犧牲你的原則。你對他闡明了你絕不會跨越的界線。

- 314 -

「你喜歡我們公司的新商標（設計）嗎？」

- **發生了什麼事**：你非常不喜歡那個新商標，並且覺得它對公司意欲傳達的目標完全搞錯了方向，但你怕你的意見會傷害創作者的自尊，或從此不會再有人想詢問你的意見。
- **回應**：「我持保留態度」這句話是個推託的「不」，但卻是一個能將你的觀點傳達給對方的「不」。
- **注意**：假如你必須跟這個新設計（或某個會影響你的業務決議）綁在一起，或背負著它工作的話，那麼你就需要表達你的想法並提供具有建設性的批評。

- 315 -

「你如果不介意的話，我就把我的名字加入這個完成的報告裡。」

- **發生了什麼事**：沒錯，她幫這個報告收了尾、檢查了標點符號、做影印備份等。她是提供了有用的內容，但是不到五十分之一的貢獻不足以獲得一個全額的功勞。她的要求很厚臉皮，而且誇大了自己貢獻的重要性。
- **回應**：給她一個溫暖的微笑，然後說：「這一次不行。我在這個報告裡花了太多的時間和精力。也許下次吧！」
- **注意**：假如你的努力是這個報告完成的主因，那麼就不能容許其他不值得表揚的人，來稀釋你的付出或即將可能獲得的讚美。

- 316 -
「你不能離開我們。」
你所參與的專業協會（或投資或其他與工作相關之團體）
的成員懇求你說。
「拜託你留下。」

- **發生了什麼事**：你是這個協會的成員很多年了，但是你一直
都在與每週必須硬擠出來做準備的時間、你所提供的重要訊
息與意見，以及你所獲得的不公平回報之間角力著。這是你
的底線：你的付出與回收不對等。
- **回應**：「我無法再繼續了。我會很想念各位和我們的聚會的。」
- **注意**：你所要的就是自己的時間。一旦你把那些時間都拿回
來，你就不會再糾結自己是不是一個逃兵了。

- 317 -
「你必須要告訴我，我是否該接受這份工作。」

- **發生了什麼事**：這個人要你為他的選擇負責。假如他接受了
這份工作而且很滿意，他會相信是因為自己做了正確的選
擇。假如他討厭那份工作，那就是你的錯了，而你也許好長
一段時間都會聽到他的抱怨。
- **回應**：「不行，是或否都必須是你自己的決定。」
- **注意**：切勿為他人做決定。一般而言，你不會因為幫他人做
了一個好決定就獲得表揚，但卻得為一個最終沒有好結果的
決定承擔責任。

- 318 -

你的老闆寄出了一份備忘錄：
「全職員工不准在公司外兼差。」

- **發生了什麼事**：你明白你的老闆希望所有員工都專心工作，但你的薪水不夠支應生活。你無法放棄週末在餐館兼差的工作（或兼職保母、顧問、自由投稿等）。
- **回應**：「這表示我們將要調薪嗎？我不確定我是否能夠拒絕其他有收入的兼職，畢竟我有許多帳單要付。只要不影響白天的工作且在晚上或週末兼差，我不覺得這樣會造成什麼問題。」
- **注意**：你只要不是在為對手公司服務或在上班時間兼差，那就不應該會引發混淆或衝突。看看是否能夠說服你的老闆，你兼職是為了生活所需。

- 319 -

「在我到新公司任職前，
可否請你把我以前執行過的富里曼計畫案的數據寄給我？」

- **發生了什麼事**：你的工作基本上都跟敏感且機密的數據有關。你知道你不可以洩露任何細節，更不要說是你的前同事想要的那種資料。
- **回應**：「假如我把你想要的東西寄給你，我可能會丟掉工作。我相信你瞭解那風險有多大。」
- **注意**：請保護你自己在公司裡的職位。違反保密規定，可能得不償失。

- 320 -

上班時你接到一通號碼不熟悉的電話。
「我很想知道你在新公司開不開心。」
來電者是某競爭對手公司的一位經理。
「你現在方便說話嗎？」他問。

- **發生了什麼事**：不，你不方便說話——你正在上班，同事們很容易就會聽到你說什麼。那個人的不夠謹慎讓你覺得困擾，但你很好奇他想幹嘛。
- **回應**：「我現在不方便說話，你可以留電話給我嗎？我稍後或今晚再打給你。」
- **注意**：瞭解同行裡有哪些機會，是很合理的，但也要用你的方式溝通，以保護你當下的工作。

- 321 -

「我希望你下個禮拜可以幫忙到外地去開會。
艾莉的兩個孩子還小，而且她不可能離家三天。」

- **發生了什麼事**：當會議延後、需要出差，或計畫龐大需要加班時，你總是幫艾莉承擔她份內的事。另一方面，艾莉卻可以逃避責任：她提早離開會議或下班，因為她是個媽媽，而妳不是。在當了艾莉一年多的可靠救援部隊後，公司的安排已經讓你開始覺得不平衡。
- **回應**：「沒問題，下星期我可以幫忙去開會，但每一次到外地開會都由我代打，對我來說也有困難（想必這不是公司雇

用你的原因）。」「我們可不可以釐清還有誰也可以去參加這些在外地舉辦的會議？」

● **注意**：你的同意只是一個短期的承諾，但侷限了你固定支援艾莉（或任何其他人）的能力。雖然在老闆眼裡，你因為沒有孩子所以似乎沒有私人生活，但你很可能有。你希望別人能尊重你的界線，即使你需要的只是一些運動或放輕鬆的時間。提出解決「艾莉的問題」，是絕對合理的要求。

- 322 -

「我可能要把妳從這個新案子的執行名單中剔除。」
部門主管告知妳。
「艾琳提出了一個重點：妳的孩子再三個月就要誕生了，
到時正是執行工作最繁重的時候。」

● **發生了什麼事**：從妳到這個公司任職以來，艾琳就一直在傷害妳的表現。她利用妳懷孕的事在背後暗算妳，這是一個可以向人力資源部申訴的好理由。但妳的上司竟然在沒有跟妳商量的情況下就屈服，令人更加費解。

● **回應**：「不行。我對這個新計畫充滿熱情，而且也有足夠的能力執行任務。我希望能有個公平的機會向您提出我為何覺得自己能夠勝任這個工作的理由。」

● **注意**：妳的主管可能不瞭解艾琳的出發點是為了破壞妳的表現。我們應該知道：比較理性且頭腦冷靜的員工，才有出類拔萃的最佳機會。

- 323 -

「我在妳的朋友史黛拉的公司找到了理想中的職位。

我已經投了履歷。

妳可以幫我寫一封推薦信或打電話給史黛拉，

請她幫我說幾句好話嗎？」

- **發生了什麼事**：妳的立場很為難，因為妳並不認為這個人的表現很優秀，妳跟她也不是關係密切的朋友，因此不想替她冒這個險。如果妳給史黛拉打電話，妳的聲譽就得承擔風險，屆時如果她的表現不如人意，那麼史黛拉再也不會信賴妳的推薦了。

- **回應**：這時妳需要一個含糊的回答。「以史黛拉的職位，她恐怕幫不上妳這個忙。」或者「我再看看怎麼聯繫史黛拉。」或者自我保護：「我的影響力不夠，妳應該能夠找到一位比我更有力的推薦者。」

- **注意**：在任何特定的領域裡，業界都是很小的。推薦一個你並沒有信心的人，會反映出你對人的判斷力不足──而將來當你自己需要找工作時，那將會影響他人對你的評價。

- 324 -

「你必須更改度假日期。

我們的年終計畫會議，需要你出席。」

- **發生了什麼事**：你也很想參加這個重要的公司會議，但你的假期早在八個月前就已經標註在行事曆上了──比會議日期

更早就決定的。你的行程已經確認，費用也已付清。對會議而言，你很重要，但並非不可或缺；然而，你老闆卻讓你覺得你好像會錯過什麼似的。在這個節骨眼取消假期，不是理性的事，你老闆應該理解。

- **回應**：「這真的很難抉擇，但我無法參加會議。我會找個瞭解整體狀況的人替我去出席。」或者「度假前，我會將我的想法告訴你。」

- **注意**：如果你屈服於你所感受到的壓力和忠誠，那麼工作永遠都會被放在你的個人時間之前。

- 325 -

「你可以過來辦公室一下，再跟我講解一次怎麼做嗎？
自從你退休後，我事情都做不完，也記不住你告訴我的一切。」

- **發生了什麼事**：你正美妙地享受全新的退休生活，而這讓繼續依賴著你的前同事很不開心。自從你退休後，你這個指導學生就手足無措、亂成一團，但你可不準備回到辦公室，去給他做實地教導。

- **回應**：「今天不行。把你最需要幫忙的那幾項列出來，然後寄給我。你可能會做得比你自己想像的還要好。」

- **注意**：雖然你很能理解前同事的驚慌，但是他以及整個辦公室，都必須適應沒有你的日子，不需要你丟下一切奔過去幫忙。放鬆享受自己的退休生活吧：踏青、上健身課或打個高爾夫等。

<table>
<tr><td>6</td><td>真正難搞的人</td></tr>
</table>

6 真正難搞的人

　　說「不」，是很令人卻步的事，不管要求、懇求、糾纏你的人是誰。令人困惑的是，很多時候，對你的老闆或你那好管閒事的父母說「不」，比對一個陌生人——比如雇來修籬笆、幫你染頭髮或最近在公園裡遇見的人——說「不」還要容易成功，而那些人可能是你不怎麼認識，或根本完全不認識的人。

　　那些想把商品賣給你、跟你完成交易、向你推銷訂閱，或試圖轉變你個人觀點的人，總是給人自信滿滿的感覺。他們的表現如此合理、行為如此高尚，讓你變得毫無抵抗能力。他們以驚人的不屈不撓，將你擊潰。擅於說服的人，會讓你在拒絕時彷彿是個沒有恰當裝備，卻努力想爬上一座結冰且滑溜懸崖的人，每爬上一步就往後滑退一步。

　　當你相信某個人比你懂得更多，再加上一點點個人的不安全感和畏怯，這時你決斷和堅持的能力就會下降。絨線店的老闆娘可能比你會編織，但那並不表示她就能夠決定哪一種風格或顏色的地毯最適合你家客廳。然而，你卻可能順從她的建議。

　　你之所以會同意，很多時候是因為你覺得另一個人比你更有品味或經驗更豐富。你容許自己被逼迫、被施予壓力，你不替自己發聲，事後卻憤怒地對自己嘮叨說：「如果當時拒絕就好了。」現在是你練習對那些影響你決心的人說「不」的時候了。即使當下覺得自己不禮貌、生硬或冷漠，也好過事後才明白自己被掌握的感覺。

　　在外界那麼多人、那麼多事都想趁機支配你的意志力之時，科

技的發達讓最惡劣的侵犯者能更加容易地突襲你。包括電子郵件和手機等的電子通訊服務，已經幫詐欺者打通了多種廣闊且新穎的管道。在某些案例中，由於詐騙者所戴的「面具」說服力十足，以致等你心中警鈴大響時已經為時太晚。人們受到蒙騙的機率可能比你以為的還要高：在一萬五千名受試者中，有幾乎一半的人無法辨識他人究竟是在欺騙或說實話。許多以自己的睿智為傲的人，在面對貌似安全的郵件或奇怪的連結時，也可能被騙子給要了。讀完本章節，你將比較能夠對付詐騙、辨識推銷員花言巧語的勸說和處理服務人員的推託等狀況。

測驗　**你有多容易受到強悍者的影響？**

> 我們都應付過那種很頑固或敢於侵犯你隱私的人——也就是那些無論你說什麼都不會放棄、特別擅於推銷、判斷或給予你忠告的人。有些人在面對強而有力的人時，比起其他人來得更加困難。在回答以下的問題時，請記下哪些情況適用於你。如果你大部分的回答是「是」、「通常」或「多數時候」的話，那就表示你可能需要採取一個更堅決的態度了。
>
> 1. 假如某個人不斷地騷擾你、糾纏你的話，你就可能會屈服。
> 2. 假如你不完全瞭解某件事——比如法律文件、電話合約細節，或你的汽車真正需要什麼才能具備最佳性能等——你就可能順從對方所提供的一切。你認為：他們

是專家，一定知道自己在說什麼。

3. 你簽約買下你並不需要或想要的額外服務，因為業務代表說服你說，那麼做是聰明之舉。

4. 在等了水電工幾個星期後，你只好配合他的行程表，雖然那個時間對你來說非常的不便。

5. 每次你逛街買衣服時，常常發現試衣間裡堆滿了售貨員跟你保證穿起來會很漂亮的衣服。

6. 假如你在猝不及防的情況下接到一個請求，你就比較可能會答應，因為那樣你才能夠擺脫那個人，以便繼續手上的工作。

7. 因為害怕自己看起來粗魯或冷漠，你覺得要打斷或對電話銷售員說「不」是很困難的事。

8. 你上健身房的背包裡塞滿了你可能不需要的裝備，因為健身房的推銷員告訴你，你需要它們才能瘦下來。

9. 相信人性本善的你，很少懷疑自己是否被詐取、逼迫或欺騙。

10. 在明白自己屈服於某人的逼迫、堅持或自信時，你會生自己的氣。

　　你必須在意外的時刻特別謹慎地防衛自己，守禦的第一道防線就是：學會心安理得地說「不」。

誆騙你買沒有價值的東西

容易說「Yes」的人常常會吸引那些尋找機會推銷產品的人。承包商告訴你應該怎麼做，並說服你答應從未考慮過的翻修；電話推銷員佔用你的時間；售貨員滿嘴甜言蜜語，哄騙你買下並不真的需要或想要的東西。當你把被迫購下的商品帶回家時，你對自己和那件商品都很失望。常識告訴你要拒絕、要堅強，但你沒做或做不到。即便你說「不」或當你說「不」時，那些未達目的誓不休的人也聽不見，或假裝聽不見。

若不是懷抱著某種目的，他們當然就不會開口要求。你必須信賴自己及自己的直覺，免得變成一個容易上當的人。直接說「不」，或乾脆掛斷電話、忽視銷售宣傳，應該就足夠了。值得慶幸的是：雖然我們永遠不知何時哪個人會強迫我們購買商品，但是我們總可以把「不」這個字好好準備起來。

- 326 -

「假如你買這支手機是為了度假時使用，
那就真的需要買這個防水保護殼。」
售貨員把一盒東西推到你面前說。
「想像一下你正要自拍時，手機卻掉到海水裡去了！
我們只剩下幾個了。我如果是你，就會趕快搶一個。」

● **發生了什麼事**：這個銷售員說得非常正確，也描繪了可能發生的實際畫面。他在訴求你的邏輯，但是，當你看到那個重磅級的價格標籤時，你猶豫了。誠然，你可以找到一個既可

以保護你的手機，又不必花大錢的保護殼。

- **回應：**「你們一定有其他比較便宜的防水外殼吧。」
- **注意：**並不是所有的售貨員或服務人員都會把你當肥羊宰，但是很多會，狡猾的售貨員通常會先給顧客看他們最昂貴的商品。對「我們只剩下幾個了」這種推銷花招要存疑。還有，在你遞出信用卡前，一定要詢問是否有其他的選擇。

- 327 -
「這顏色讓妳看起來氣色特別好。

它很襯妳的眼睛，給妳一種閃亮的光澤感。

要不要我幫妳結帳？」
當妳嘟起嘴唇湊近鏡子時，那個化妝師說。

- **發生了什麼事：**那位站在櫃台後的年輕女子在妳臉頰塗上一層厚厚的腮紅，並在妳的嘴唇擦上一個顏色撩人的口紅。雖然那位美麗又自信的化妝師說得天花亂墜，但是妳並不相信妳看起來有她說的那麼閃亮動人。
- **回應：**「不，這真的不是我想要的樣子。」
- **注意：**跟父母、朋友或甚至同事不一樣的是，妳並不欠售貨人員任何藉口，當然也毋須擔心妳會傷害到他們的感情。假如妳對那些化妝品有一點點的不確定，那麼很有可能的是，那個新腮紅或唇膏最後會塞在妳抽屜的最裡面，跟那堆妳因為沒有說「不」而帶回家的化妝品一樣，永遠不會派上用場。

- 328 -

你在前往超市的路上看到許多人擠在人行道上。
他們都穿著制服，手裡拿著寫字用的夾板，
顯然正在為某種訴求募款。
「你關心動物的權益嗎？」其中一個人問你。

- **發生了什麼事**：看到他們的第一眼，你就知道他們一定會試圖攔下你。看到越來越多的人對那些募款者毫不在意地擦身而過時，你覺得很難過，但是，你也沒有丟開自己的事情去傾聽他們的興趣。

- **回應**：「不，但祝你們好運！」或者「我關心，但我現在有事，不能停留。」

- **注意**：你可以告訴他們你很欣賞他們的付出，然後直接拒絕給他們說服你的機會。一句簡短的回應便可以戛然結束你們的對話。你若停下來想要提供什麼助力，那麼你就會給他們向你說明事情的機會，而最後你便可能因為罪惡感而捐款。拒絕時，不需說抱歉。

- 329 -

「如果錯過這件外套，妳一定會很遺憾。
它是多功能的設計，現在很流行。」
運動部門的售貨員跟妳強調說。

- **發生了什麼事**：售貨員的工作就是把商品賣給妳，越多越好。她就是那種會告訴妳穿著那件稍嫌太小的游泳衣看起來

很棒的人。妳家裡可能已經堆得滿坑滿谷了，但訓練有素的售貨員仍然不斷鼓吹妳購買妳所試穿的衣物。她的薪水可能來自抽成，賣得越多，她的佣金就越豐厚。她花了好多時間把一車車不同尺寸和顏色的衣物搬到妳的試衣間裡，妳覺得有一點應該跟她購買幾件東西的義務。

- **回應**：「不，我要再考慮考慮。」
- **注意**：當我們急著想結束一個不喜歡的談話，或試圖保持禮貌和客氣時，就可能會被迫向另外一個人的判斷讓步。兩手空空地走出一家商店沒有關係，在你走上人行道之前，售貨員就會忙著去招呼其他顧客了。因為沒有擁有那件外套而感到遺憾的機會很小，大不了再回頭去買就是了。

- 330 -
「我們是整修你家隔壁那戶公寓的承包商，
我們需要查看一下你家這邊的牆面。」

- **發生了什麼事**：幾個看起來一副很專業的工人來按你家的門鈴，但你從未聽過有人要來修理你家或你鄰居家的公寓。
- **回應**：「請給我你的名片。我先問一下我的鄰居或大樓管理員，明天再打電話給你。」
- **注意**：即便最後證明那些工人是合法的，也要小心為上，因為騙子最會利用人們沒有防備心時佔取便宜。你可主動要求你的鄰居們，他們若有計畫雇請承包商時，請事先通知你。

-331-

「請在這個授權書上簽名。
我很快就會幫你爭取到你想要的那筆錢了。」
律師信心滿滿地跟你說。

- **發生了什麼事**：你想要相信他可以幫你搞定那與一大筆錢相關的案件，毋須去打一場曠日廢時又壓力龐大的官司。你懷疑律師誇大其辭，卻又被他豪華的辦公室和強大的自信給震懾住了。你知道你應該參考不同的意見，但當下你要怎麼規避呢？
- **回應**：「不，我要先考慮一下你告知我的事。」或者「不，我想先參考其他律師的意見後，再做決定。」
- **注意**：當律師承諾連他們自己都不能預期——也因此可能無法實現——的結果時，你的雷達偵測器就應該加班工作。

-332-

「這棟房子很理想，完全就是你想要的條件：
房間數夠、學區好、超大前後院。你不能錯失這個機會！」
房屋仲介催促你。

- **發生了什麼事**：你找房子已經找了好幾個月。仲介想要完成交易，你也想要找到自己的夢想家園，但這棟房子不是你真正想要的，雖然條件已經很接近且吸引人。你開始想要妥協（例如忍受不足的衣櫃空間，以及花一大筆錢翻修廚房等）：也許你太挑剔了，也許你想要的並不存在。你依賴的

是仲介的經驗和他對該地區的認識,你可能會受到他的話術
影響,尤其當你聽到已經有其他人開價時。

- **回應:**「你可能說得對,但我願意冒險,放棄這一次的機會。」

- **注意:**不用擔心房屋仲介會覺得你難搞,也不要因為已有人出價而感到被強迫的壓力。繼續尋找,當你看到真正想要的房子時,你自然會知道,並且會很開心地做其他一切讓步。

- 333 -

「如果你想把房子賣出去的話,就得降價。」

- **發生了什麼事:**你已經做過市調,對這個社區裡相同產業的售價很清楚。考慮到屋齡、屋況及地點等,你覺得自己開的價格很合理。你願意等,但你的房屋仲介不願意等。你的屋子對他來說,賣得不夠快,他想儘快賺到佣金。

- **回應:**「不,我堅持這個價格。我有信心可以賣到這個價格。」

- **注意:**當你做了功課並深信自己的評估是正確的,就要堅持到底。假如狀況改變,比如你亟需用錢,那麼你想要的話——而不是你的仲介想要——可以降低你的開價。

- 334 -

「我一直在觀察這支股票,穩賺不賠。
要不要我幫你買進五百股?」

- **發生了什麼事**：你在財經世界裡還是個新手，因此傾向於信賴你的股票經紀人。整體而言，他做得不錯，幫你賺了一些錢。但他偶爾也會挑到「芭樂股」，或給你承諾從未實現過的獲利。在你找時間自己做研究前，別答應他。
- **回應**：「還不要，我想自己先做一下調查。」
- **注意**：小心所謂「確定」的事，因為在股票市場裡沒有什麼確定的事。要知道，不管買進或賣出，你的股票經紀人都可賺到佣金。

- 335 -

「相信我，每一個人都訂購了這種跑車的標準配備。
它對這款新車來說不可或缺。你一定會很高興擁有它。」

- **發生了什麼事**：你已經訂購了幾樣額外的配備，但是那個業務員想要將更多的東西推銷給你。你在購車前如果有做功課的話，就會知道你的汽車需要哪些配備。
- **回應**：「不了，謝謝。清單上的這一些就是我所需的全部了。」
- **注意**：聽到「相信我」或「老實說」這些話時，就表示你必須特別注意了。無論在何處購物，你都要有售貨員會鼓吹你儘量購買貨品的心理準備。假如你是在壓力下被迫購買你不認為絕對需要的東西的話，那就要把「不」給說清楚。切勿被「每個人都買了」這樣的話術給騙了，其實每個人都沒買。

- 336 -
「你什麼時候要購買一套十堂課的訓練課程？」

- **發生了什麼事**：你剛上完加入這家健身房時他們所贈送的兩堂私人教練課程，如果你不買那一套十堂課的課程的話，你擔心那名教練將會沒有任何收入。
- **回應**：「我想先看看我會多常來使用我的會員資格。」
- **注意**：那些免費課程是健身房的「廉價招攬商品」——也就是要吸引你去健身房花更多錢的贈品。除非你想要一名私人教練且付得起費用，否則就不要將一個好買賣——免費又好玩的東西——變成一個壞買賣（十堂你不需要或付不起的課程）。

- 337 -
「這裡是該地區最棒的度假勝地，而且價格非常便宜。」

- **發生了什麼事**：旅行社的業務代表幫你安排了一個非常迷人且豪華的假期，但是你們雙方對「便宜」兩字有很大的歧義。那個價格高出你的度假預算太多，也不是你會考慮花費在旅遊上的錢。雖然你很想在一個遙遠海島盡情享受美麗的風光、啜飲著異國情調的飲料，但是你付不起這樣的奢侈。
- **回應**：「不，這太貴了。」
- **注意**：你何必在意旅行社的業務代表如何看待你對花費的謹慎呢？提醒他你所能撥出的預算，或找另外一個業務幫你安排行程，或乾脆自己上網去預訂。

- 338 -

「是的，我們簽過協議，但這部分的費用較高。
現在景氣不好，我的損失真的很大。」

- **發生了什麼事**：這個交易商覺得你軟弱可欺，如果你給他機會，他就會誇大自己的可憐。財務困難的故事最容易啟動愧疚的按鈕，喚醒你的同情心。他說的也許是真的，也許是假的。但不管如何，那是另一個問題。
- **回應**：「不，我不會付額外的費用。我們對這個價格已經有協議。」
- **注意**：假如你每聽到一個悲慘的故事就心軟，那你的錢早就被掏空了。在哭訴的人開始跟你傾倒他們的困難之前，你要用一個堅決的「不」字阻止他們。

- 339 -

妳的電子信箱收到一份不久前曾經瀏覽過的某珠寶公司訊息。
他們的促銷價讓妳倒抽一口氣：
「一點五折！查看特賣優惠，請點這裡。」

- **發生了什麼事**：妳一直在祈禱這樣的促銷。但是買家請小心了，這樣的廣告通常有陷阱——稍微瀏覽妳就會發現這類或那類的花招：例如消費滿一百美元才有折扣。但是，妳仍然認為，這樣的優惠也許不會再有。
- **回應**：趕快走開，遠離妳的電腦。
- **注意**：在很多公司發佈特賣會及大肆轉發宣傳電子郵件之

時，人們很容易就會在未經深思之下興奮地落入非買不可的陷阱裡。事實上，行銷人員期待的正是這個。令人驚訝的折扣承諾有其設計目的：讓消費者相信他們得為自己是否獲得折扣負責，如此就可強迫他們購買超過原本預算的商品。

- 340 -

「好消息！
「一位潛在雇主已經選中了你的履歷，
想要與你討論面試的可能性。」
你的信箱收到求職網站寄來的一則訊息。
「你只需繳交一筆通道費，就能看見該公司的完整聯絡資訊。」

- **發生了什麼事**：你已經失業很久了，絕望之下，你在多到連自己都數不清的求職網站上貼了自己的履歷。終於，你收到一個訊息。但是，「通道費」是什麼東西？
- **回應**：「為什麼我得付費呢？」你對自己的電腦大聲說。
- **注意**：知道自己付費加入更多有目標且高效能的求職網站與被騙損失金錢，兩者之間是不同的。這種「誘導轉向」的策略是詐騙者經常使用的一種行銷手法，類似的手段包括：承諾提供高薪工作所需的訓練課程但需要先付一筆費用，或者加入老鼠會那種團體。若想進一步認識某家網路公司，你可瀏覽消費者事務相關網站或上網搜尋警告詐騙的貼文。切勿為了一瞬間的希望，就遞出信用卡並鑄成大錯。

- 341 -

「我非常興奮地通知你,你贏得了一次免費的遊輪旅行!」
電話那頭傳來一個熱情的聲音。
「請給我你的信用卡號,以確認你願意接受這個獎品──
你不需要付費。」

- **發生了什麼事**:意外打電話給你的這個人,聲音既親切又溫暖,而且所提之事非常具說服力。這種事也不是不可能,何況旅行聽起來是一件很美妙的事。
- **回應**:假如打電話給你的是真人,那麼就給他一個簡明扼要的「不」;如果是自動語音電話,那就乾脆俐落地掛掉。
- **注意**:先別急著去買防曬乳液──如果事情聽起來太美好、太不可置信,那麼很可能就不是真的。最好的結局是:「免費郵輪」天使會很快出現來給你一個合理的解釋;最糟的情況是:你提供或鍵入你的信用卡卡號,然後被騙了不知道多少錢。

- 342 -

你接到美國國家稅務局寄來的一封電子郵件:
「我們需要你釐清最近退稅的部分建檔資料。」

- **發生了什麼事**:報稅那時,你就很擔心沒有把一切資料準備好。一接到這封郵件時,你愣住了。你想要儘快修正資料,一旦要被審查,那將會是一場噩夢。
- **回應**:切勿回應。國家稅務局建議民眾,不要回應或點開任

何連結。

- **注意**：根據美國政府的公告：「國家稅務局不會透過電子郵件、簡訊或社交訊息等主動聯絡納稅人，並藉此向他們要求個人或財務資料。」政府官方網站設有一個民眾可以檢舉此類事件的地方，只要遇到索取任何與你個人相關訊息的要求，務必在行動前反覆確認其合法性。

- 343 -
「我們正在做一個電話訪查，我想請問您幾個問題，
只需耽誤您幾分鐘的時間。」

- **發生了什麼事**：美國政府的「謝絕來電名單」出了什麼錯？你當時去登記就是為了確保不會再接到這種「冷電」行銷訪問。電話行銷員和政客不管怎樣都會打電話，有些還會承諾你，如果願意傾聽一兩分鐘的話，就會給你免費旅遊券或現金贈品。一旦你開始聽了，那簡短的宣傳就會變得冗長，問你的問題則是太觸及隱私或是數量太多——遠遠超過你接聽電話時，對方所宣稱的「簡短訪查」。
- **回應**：「請把我的名字從你們的名單上刪除。」或者直接掛掉電話。
- **注意**：討厭的電話推銷員是你強化自己骨氣的好對象。再次接到同一個人的電話（或面對面跟那個人說話）的機會微乎其微，假如你無法說「不」，那就直接掛掉電話。無禮的是那個打電話的人，不是你。

- 344 -

你收到一封郵件提醒，你的電信業者需要更新個人資訊：
「請點開這個連結。」

- **發生了什麼事**：你當下很疑惑，這是一封合法的郵件嗎？你的電信業者已經有你的所有相關訊息了，為何還要你重新輸入？但即使心中響起警鈴，你仍然衝動地想要點開連結，以便儘快把事情處理掉。
- **回應**：打客服電話，以確認他們是否有發送該郵件。
- **注意**：電子郵件詐騙利用的就是你在一時心神混亂下點開連結，或下載某種會駭入你的電話或電腦並盜取個人訊息的惡意軟體。假如你受騙了，掃除它們將會耗費你許多寶貴的時間，更糟的，甚至要耗費你的金錢。

把事情搞定：用你的方式

除了各行各業的約翰瑪莉以外，多數人也都需要專業人士與提供意見的顧問。我們靠水電工來維修家裡的水電系統、美髮師和理髮師來打理我們無法自行吹整的頭髮，以及其他各行各業的專家們來填補我們的知識鴻溝等。然而，我們所需要且依賴的這些人，卻可能佔我們便宜、脅迫我們，或給我們錯誤的建議，使得我們事後覺得很不開心。

當你默許時，可能會因為自己不好意思說「不」或懦弱地被迫同意，而覺得不痛快，甚至憤怒。假如孩子的保母會逼迫你改變社

交行程、油漆工會自行選擇你家客廳牆壁的顏色，或修屋工人要求你配合他們的時間的話，那麼就是你該改變行事風格的時候了。你可是那個出錢的老闆。

對那些你需仰賴他人才能完成的事務，唯有強硬起來，才能給自己鞏固一些權益。每個人都想把自己的工作做好，但有些人並不關心事情的結果，或他們的決定是否會影響你。他們會繼續去完成下一個工作或服務下一個客戶，管你心裡冒煙或因為聽從了他們的意見而承受著不滿意的結果。以下的問題、回應和警示，可能都是你曾經經歷過的典型情境，它們能幫你免於屈服那些時時會令你失望或給予你壓力的人。

- 345 -
「明晚六點我無法去上課，必須改到八點。」
你孩子的家教老師，在早已約好的時間前一晚，突然給你簡訊。
「很抱歉又跟你更改時間，謝謝你的體諒。」

- **發生了什麼事**：這是她第四次更改上課時間了，之前你什麼都沒有說，因為你的孩子非常需要她。但這次你不能再放任不管了。
- **回應**：「這種事不能一而再、再而三地發生。我們已說好了六點；這種臨時更改的時間，把我們家裡的安排弄得一團亂。」
- **注意**：無論你有多需要這位家教老師，計畫表的更改不但令人困擾，也造成很大的不便。簡訊對避免衝突很有用，但是在家教老師到來後，跟她面對面的溝通，效果更佳。

- 346 -

「有緊急狀況！

我必須縮短我們的面談時間，以便到城外去見另外一位客戶。」

- **發生了什麼事**：這幾個星期，你一直試圖要跟這位職涯顧問預約見面時間。你聽說他是這領域裡最頂尖的，你的朋友們也都對他讚不絕口，但你已經感到他完全不重視你。
- **回應**：「我理解，但我已經等了好幾個星期，而且也不欣賞這種因為另外一位客戶就被取代的作風。當你比較不忙時，我們再敲定這個禮拜的其他時間吧。」
- **注意**：即便頭銜很大、名聲響噹噹，一個不尊重客戶時間的人，恐怕只會造成你更大的頭痛，而不會是救星。

- 347 -

「我們今天要挑染妳的頭髮！」

妳的美髮師大聲地宣佈，彷彿妳們早就說好了似的。

當妳猶疑時，她更進一步提議：

「我們說過好幾次了，要把妳變成一個金髮尤物。

今天就染吧！」她力勸妳說。

- **發生了什麼事**：除了想讓妳掏出荷包外，妳的美髮師也許今天生意清淡，所以想要填補她的時間，反正閒著也是閒著。或者，也許她真的相信妳的頭髮挑染後，染深一點或染淺一點，會讓妳看起來更漂亮。妳不確定。
- **回應**：「不，今天不要。」

- **注意**：即使那一個強烈的改變在當下聽起來像是一個不錯的主意，也請等下一次預約時再說，這樣妳就可以多考慮一下那樣的轉變是否是妳真正想要的。如此一來，妳也可以避免外貌的巨大變化所帶來的震驚，或在鼓起勇氣將妳的改變透露給朋友知道前，得一直躲著他們。

- **348** -
「我必須回店裡去找一些手邊沒有的材料，
但我今天沒有時間做這件事。
我先暫時用這個把它封住，
下星期也許再找個時間回來，把這個地方補起來。」

- **發生了什麼事**：你的承包商正在給你製造一個大麻煩，但他卻說得那好像沒什麼大不了似的。在他開心地去承包其他客戶的委託時，你卻是那個必須連續幾天瞪著那個半完工的工程的人。等他願意，他就會回來了，尤其在你付清所有費用時。你不想用命令的口吻說話，但你覺得很困擾。
- **回應**：「不，你今天一定要按照我們所約定的時間完工，這真的很重要。你一定有辦法讓工程順利完成。」
- **注意**：除非你開口抗議，否則你的承包商會覺得你對他的話沒有異議。一個堅決的「不」，將有助他重新安排事情的先後次序。

- 349 -

「這顏色讓這屋子看起來很溫馨。

這顏色很完美，所以我就直接塗了。」

- **發生了什麼事**：你給油漆工的指示很明確：在靠近廚房的那
  片牆上先試用一下某個顏色，但他卻直接就塗了那個顏色
  了，而且試圖說服你，你一定會愛上它，即使你在看到的那
  一瞬間就覺得很討厭。他會用各種藉口堅持他無法改成其他
  顏色：來不及了、整個房間都塗好了、會造成額外費用等
  等，並且向你保證你會逐漸習慣它。
- **回應**：「不，這不是我想要的。我無法忍受它。」
- **注意**：他是錯的，你才是對的，切勿打退堂鼓。如果你認輸
  了，那麼以後每次你一進入那個屋子，就會想起自己是如何
  容許他脅迫你的

- 350 -

當你看中一套骨董餐盤中的大圓盤和水壺時，老闆跟你說：

「這個不能拆開賣，我們從未這樣做。」

- **發生了什麼事**：在大型商店和連鎖商店裡，買家可能比較沒有
  討價還價的空間，但是小商店和跳蚤市場就是另外一回事了。
  人生中有很多例外，你可以乾脆走開或堅持你想要的。
- **回應**：「不，我不想買一整套。我只想要這兩件。」
- **注意**：老闆想要你相信，沒有談判的空間。「總是」和「從
  未」是不存在的虛構情境，而那或許解釋了為何我們會有

「絕不說絕不」這樣的俗語。當你顯得不再感興趣時,你就比較有機會買到你想要的了。

- 351 -
「我們需要馬上動手術——在兩個禮拜內。」
　　醫生皺起眉頭以強調他所感受到的急迫。
「我知道我在說什麼。」他加了一句,以提醒你他才是權威。

- **發生了什麼事**:你被自己的病況嚇壞了,醫生的經驗和聲望也令你膽怯。你所信賴的醫界朋友告訴你,他是這個領域裡最傑出的醫生。你的病徵很複雜,而那意味著可能會有其他不同的診斷,也就是可以在不動手術的情況下便獲得痊癒的其他治療選擇。醫生說,他很確定他的診斷是正確的,並告訴你他下星期三的開刀日程是空的,你應該覺得幸運,他可以把你塞進他忙碌的行程表中。
- **回應**:「不,我想徵詢第二位醫生的意見,或許他的診斷會跟你一樣。」
- **注意**:你已經安撫了他的自負,所以他會歡迎你回去安排開刀日期——如果那是你的決定的話,但他會是被告知的那一個。有能力的醫生不會反對他的病人去諮詢其他醫生的意見。

- 352 -
「請在您的簽名下面附上身分證字號。」
　　在你的最後一件家具被搬上卡車後,搬家工人對你要求。

- **發生了什麼事**：搬家公司的業務代表堅持，沒有你的身分證字號的話，他們公司無法幫你存放要搬遷的物品。但隨著個資竊盜的猖獗，你不想要你的身分證字號出現在搬家工人會隨手丟在卡車座椅上的文件，那樣誰都看得到。你想不通他們為何會跟你索取身分證字號。
- **回應**：「絕對不行。請你們的主管來聽電話。」
- **注意**：越過某人的職級，也就是所謂的「越級通話或連繫」，通常就能讓你獲得想要的結果或答案。

-353-
「如果妳申請一張我們商場的信用卡，
我可以再給妳一成的折扣。」
櫃台的售貨員告訴妳。

- **發生了什麼事**：妳正要購買一件大衣，一件妳找了好久、很想要、也正好在促銷的大衣。而在那個已經很棒的價格之外，商店的售貨員又祭出了一個令人心動的條件：那額外的折扣讓妳很難抗拒。但是，妳早就給自己的信用卡張數設下了一個嚴格的限制。
- **回應**：「我不使用商家信用卡。絕對不會。」
- **注意**：信用卡的利息通常很高，並且有隱藏的、消費者或許不甚清楚的懲罰，想要取消信用卡的帳戶有時也很麻煩。每個月的帳單，無論你是否有消費，是另外一個你必須保持警惕的地方。

- 354 -

「這是我拍攝過最好看的母女照之一。」

妳的攝影師寫了一封電子郵件告訴妳,讓妳很開心。

「我可以把其中幾張照片,放在我的網頁上嗎?」

● **發生了什麼事**:妳在這位攝影師的網頁上瀏覽過她以前的作品,覺得很滿意,於是請她幫妳和小女兒拍照。妳已經付給她一筆高昂的攝影費了,不覺得還需要幫她的工作室做宣傳。妳是一個很重視隱私的人。

● **回應**:「我很喜歡妳的作品,但把我們的照片公開到網路上,讓我覺得不自在。也許下一次吧!」

● **注意**:你可以在不覺得自己欠攝影師一個人情的情況下,當個好客戶。而且,妳很可能並不是第一個跟她說「不」的客人。

意想不到的挑戰

我們都知道被不著邊際又無禮的評語擊中是什麼感覺。在網路上或公開場合干擾你個人事務的陌生人,有時簡直讓人暴跳如雷,他們的方式雖隱晦卻又非常真切。陌生人意外加諸在你身上的索求或欺騙,感覺就像是一種攻擊。那些企圖影響你的人最叫人懊惱,責罵很傷人,尤其當你不確定自己的所作所為是否正當時。

對此,你不需給予回應,而且不需要為自己的不合作道歉。切莫以為合作是一種禮貌,就傾聽那個人的話。對那些令你不舒服、

憤怒或疑惑的建議通通說「不」。對方的「批評」越牽涉到個人，你魯莽的回應就越能理直氣壯。

- 355 -

「妳的寶寶好可愛。」

商場裡的一個女人看到妳用奶瓶給女兒餵奶時，

咕嚕咕嚕地逗著她。

然後遞給妳一本小冊子，並補上一句：

「餵母乳最好。妳其實正在做傷害自己孩子的事。」

- **發生了什麼事**：妳已經知道那冊子裡說的是什麼，而且很想把它丟掉。妳經歷了與醫生痛苦且絕望的討論後，才決定奶瓶餵奶對孩子才是最好的選擇。那個陌生人根本不認識妳，也不知道妳的心路歷程。
- **回應**：「不，我不需要那東西。請妳走開。」
- **注意**：不恰當的干涉，不值得你和善的回應。

- 356 -

「這個很簡單，妳可以自己動手做。

妳的寶寶會跟妳親手做的汽車玩好幾個小時呢。

妳一定會做，沒問題！」有一個媽媽用鼓勵的語氣向妳保證。

- **發生了什麼事**：妳加入了一個新手媽咪的團體，想要給寶寶和自己爭取一些社交時間與人際互動，但妳卻得到更多「自己不是一個稱職媽媽」的愧疚感。兩次聚會後，妳已對自己

的不適任深感羞愧。那些媽媽們都具有完美的創意，她們用忠告挑戰妳，不斷逼迫妳嘗試妳並不擅長的領域。

- **回應：**「我不這麼認為。我沒有藝術細胞，手也不巧。」
- **注意：**不需旁人來告訴妳，身為母親這件事就足以讓一個女人產生大量的罪惡感了。最好遠離那些會讓妳對自己的育嬰技巧或為人母的能力感到不安的人。

- 357 -

「妳這件衣服真漂亮。

我知道我不應該問，但這件衣服多少錢？」

（妳吃哪一種減肥餐？那是真品還是山寨貨？）

- **發生了什麼事：**一個妳完全不認識的人隨意地問了妳一個私人問題。她是不是也想要知道妳的家譜和身分證字號？妳不想回答她，但妳也不想因切斷她的話而使自己看起來像個差勁的人。
- **回應：**「謝謝妳的讚美，但我不記得價錢了。」或者「我現在有急事。」「不方便說。」
- **注意：**那種陌生人也許沒有惡意，但假如妳對談論自己的身材或購物習慣等，感到不自在的話，毋須感到抱歉。

- 358 -

妳帶孩子去看小兒科醫生。

候診室裡的另一個媽媽開始跟妳聊天：

「妳只有一個孩子嗎？」妳點頭。

「妳得趕快給她添個弟妹，

如果妳想要他們一起親密地長大的話。」

- **發生了什麼事**：妳已經很習慣親戚朋友們問妳為何只生一個孩子這樣的問題了，但是一個完全不認識的人問妳這樣的問題，則是一個全新的經驗。
- **回應**：「我們是只有一個孩子但很快樂的家庭。不好意思，但我們想要看書了（或玩遊戲或拼圖等）。」
- **注意**：對那些厚顏到敢於干涉妳個人生活的人來說，一個唐突的回答應該沒有什麼不對的，即使那個問題引發或再度喚醒了妳可能曾有的疑慮。只有妳和妳的配偶能夠討論並決定家庭成員的人數，而不是候診室、雜貨店或遊樂場上某個不相干的人。切斷他們無禮的攀談。

- 359 -

「可以跟妳換位子嗎？這樣我可以跟我的朋友坐在一起。」

飛機上坐在妳隔壁中間位子的那名乘客要求妳，

手指著後面一排同樣可憐兮兮擠在中間位子的朋友，

而後者正對著妳搖手微笑。

- **發生了什麼事**：妳為了那個長途旅行特別訂了靠走道的位子，也許還因此付了額外的費用。假如是一個想要坐在自己幼兒身邊的父母，或一位需要有人陪伴照顧的長者，那麼妳或許會認真地考慮跟他們換位子。但那兩位千禧年後才誕生的年輕女孩，看起來可健康得很。
- **回應**：「妳們何不問問空服員，看她是否能幫妳們的忙？」或者「我在飛機上不換位子，我覺得那會帶來厄運。」
- **注意**：情侶也常常會跟人家要求換位子，以便坐在一起。情侶的身分並不高於單身的身分。此外，有些人會想盡辦法跟你換位子——從裝病到提議請你喝飲料的都有。你不需要在飛行時一路覺得很悽慘，或因為留在自己選擇的位子上而感到愧疚。

- 360 -
「妳為什麼會決定領養小孩呢？」

- **發生了什麼事**：妳的家人和最親近的朋友都不會問，而這個妳最近才認識或幾個小時前才認識的人，卻想要知道妳生育史中最私密的細節。實在太無禮、太侵犯妳的隱私了！
- **回應**：「太複雜了，說不清楚。」
- **注意**：聽到這種冒犯的問題時，妳不用怕給對方一個惡劣的回答。如果想要保持禮貌的話，可以簡單地說：「我不想談這個問題。」——這回應足以讓那個人閉嘴了，因為她（或他）所期待的是一個從頭到尾完整的故事。

- 361 -

「哇，好漂亮的鑽石！妳這一顆花多少錢買的？」

- **發生了什麼事**：在妳排隊等候保養鑽石時，那個排在你後面的人好奇地問。沒錯，妳喜歡戴著美麗的訂婚戒指，但妳並不是為了吸引人跟妳聊天。此外，妳不想讓不相干的人注意到妳昂貴的珠寶。
- **回應**：「我忘記了。」或者「不方便透露。」
- **注意**：一個扼要但有禮的回應，有助那個詢問者瞭解，她自己的問題有多厚顏無禮。

- 362 -

幾個陌生人出現在你家門口。

「我們剛剛開車經過，注意到你們家正在加蓋一層樓。

我們也正想做同樣的事。

請問，可以讓我們看看你們的設計圖嗎？」

- **發生了什麼事**：他們既沒有先自我介紹或請教你的大名，就問了問題。
- **回應**：「稍等一下，我把那個建築師的電子郵件地址和電話號碼給你們。我相信他會很高興幫你們的忙。」
- **注意**：你的設計圖是花錢買的。那些人不是被自己的熱切蒙蔽了，就是一群無恥、想不勞而獲的人。

- 363 -

「我非問不可：你是什麼種族？
你的樣貌好特殊，真的很迷人！」

- **發生了什麼事**：你從小就一直被問這個問題。窺探你的種族
  淵源讓你覺得自己好像是一個物件，而不是一個人。
- **回應**：「說來話長，改天再說吧。」
- **注意**：你當然可以拂開那些令你覺得不舒服的、很私人的問
  題，即便發問的人只是想讚美你，或真的對你感到興趣。

- 364 -

「不好意思，那是你的孩子嗎？
他的年紀太小了，
不應該在那個攀登架上那樣子爬來爬去。
我怕他會弄傷我的孩子。他能自己下來嗎？」

- **發生了什麼事**：你跟你的兒子在他最喜歡的遊戲地點，他對
  那個攀登架很熟悉。或許他看起來比其他孩子小，但你對他
  的能力很有信心。
- **回應**：「他沒問題，我有在留意他。」
- **注意**：只有你知道什麼對你的孩子而言是安全的。

- 365 -

「妳怎麼可以讓妳的孩子跟那條狗在一起？」
一個行人路過時說。
「妳不知道鬥牛犬很危險嗎？」

- **發生了什麼事**：妳帶著正在學步的兒子和妳信賴的鬥牛犬羅西到公園散步，妳跑到小路的另一頭去丟個垃圾。羅西是從小被妳養大的，妳知道當妳走開幾步時，她會守在嬰兒車的旁邊。羅西是一隻很棒的保母犬，但妳常常得忍受那些把鬥牛犬傷人的駭人新聞報導當做聖經的人對你的指責。
- **回應**：妳想說：「少管閒事。」但控制住了自己的脾氣，改成說：「沒問題的，我瞭解我的狗。」
- **注意**：當有人批判你的行為時，請保持鎮靜的態度，但表達要清楚。

7 全新的心態

　　你曾經看過他們這麼做——得獎的運動員因達標而開心地揮舞著雙手。當你說「不」時，你的感覺就跟一個冠軍選手一樣，舉起雙手大聲吼叫：「太棒了！」經常說「不」，能讓你確保界線、保留時間，並專注在目標上。

　　請把「我應該嗎？」或「我不應該嗎？」當作是一個練習功課。如同所有的技巧，頭幾次都很困難，但至少你在努力嘗試，而那已經是你那個「經常衝動又友善的自我」大大的進步了。毋須多久，拒絕他人就會明顯地變得容易多了。你將發現，把「不」當作一個習慣，是一件多麼自在開心的事。

找到你要的勇氣

　　請豎起你的天線並讓它發揮效能，以提防那些企圖跨越你所設定的界線的人。當你聽到一個要求時，如果「不」這個字閃過你的腦海、如果那就是你本能想要做的回應，那麼就找出能夠配合那個感覺的勇氣來。並不是每個向你提出要求的人都期待你會答應——不可能總是有這樣的期待。當你堅定地防衛自己時，人們就不會動不動向你開口。他們會避免問你，因為大部分的人不喜歡被拒絕——這是人性。

　　想想那些你不會向他們要求幫忙的人，並問問自己為什麼。有可能是因為他們在過去曾經對你說「不」。當你需要力量或誘因說

「不」時，就請牢記那些不費吹灰之力就能對你說「不」的朋友、親戚及同事們，把他們當做你的標竿、你的勇氣來源。儘管他們曾經多次無法幫你，或拒絕你自認為其實合理的請求，但他們仍然是你生活中的核心成員。而且，很有可能，你仍然喜歡、尊敬並欣賞他們。

此刻，你要有勇氣消滅自己的愧疚感，並對自己每一個說出口的「不」感覺良好。愧疚是一種沒有用的情緒，它消耗你寶貴的時間，且不值得你心靈上的負擔。只要擺脫愧疚感，你就能夠專注在危急且重大的責任上，並能忽視那些不重要的。你的父母不會因為你沒有完成他們交代的事情，就回家來懲罰你——至少再也不會了！

對「No」這個字說「Yes」

有時候你得深陷進退兩難的情況，才會注意到自己的界線，但是現在就請開始練習吧，那麼等到你想要或需要時，就能輕鬆地將「No」這個字眼召喚出來了。有時候你可能仍然會軟弱、猶豫，不過也不要對自己太苛求了。你曾同意其要求的那個人，將來某個時候一定會再回來，到時你就能敏捷地對他說「No」了。

拒絕是一件不容易的事，而且有時令人很不舒服，但習慣性地說「Yes」，會給自己製造一種融合焦慮、憤怒、壓力、懊惱及無力感的情緒，這就是為何把自己的輕重緩急弄清楚是那麼的重要。請先瞭解自己想要什麼，如此你才不會放棄自己的需要。

當你抗拒失敗或覺得負擔沉重時，以下這些思維和真言將會強化你，並幫助你輕鬆地學會說「No」的技巧。它們都是重要的

鞏固力量，有助於你專注在自己的目標和優先權上。遵循以下的建議，你便可以多完成自己想要的，少做些他人想從你身上得到的。

每當有需要，就請詳讀、細讀以下的提示：

- 第一次說出「不」後，以後的拒絕就會變得容易。
- 「不」或與其同義的字就足夠了。冗長的解釋只會給爭辯、誤解或再次要求留下空間。
- 較少便是較多。藉口越少，傳達的訊息越多。
- 不必為你的無法效勞道歉。
- 對那些認定你會答應的人要謹慎。
- 在你衡量如何依從或是否要依從之前，請先確認那個要求者是不是在你的朋友、親屬或菁英工作圈裡。
- 擁有一個人人都可依賴的名聲，不但不是一種奉承，反而會讓你成為一個更多人喜歡對你提出要求的對象。
- 如果你以幹練、能兼顧許多事務聞名，那麼請淡化自己的名聲。身為出色的執行者，只會為你招來更多的請求。
- 可能的話，請預想他人會向你提出什麼樣的請求。對可能發生的情境未雨綢繆，有助你決定哪些事情是你願意做的、哪些是你不願意的。
- 答應幫忙他人的請求，不會讓你變成一個比較可愛的人。
- 在合理的範圍內，當一個幹練、熱心或樂意助人的人，是一件很棒的事，但切勿誇大那個形象。
- 對某些人而言，你做得再多都不夠，所以，毋須嘗試。
- 你不需為那些給你找麻煩的人負責，你也無法單靠自己就讓他們快樂。

- 小心分析每一個請求，以確保自己沒有被賄賂、誘騙、逼迫或威脅了。
- 答應助人之前，請先問問自己是否有時間。
- 請認清自己的侷限，重新思考並重新定義自己的界線，以免對自己的拒絕感到不安。
- 相信自己可以在說「不」的同時，仍然是一個具有參與感並且能夠關心、投入的人。
- 說「不」時，態度要堅定，要正視那個人的眼睛，讓他（她）瞭解你是認真的，他（她）的懇求和壓力沒有用。
- 不需煩惱拒絕的結果。說「不」的附帶效應從未如你所想像的那般嚴重或有害，它們根本不存在，或者微不足道。
- 多數人都能諒解。即便不能，你的生命中也不需要這種器量狹窄的人。
- 每天提醒自己：說「不」能給你自由，並且是你的權力。

假如你花太多精力尋求他人的贊同、擔心他人如何看待你、忙著當好好先生，或過度回報曾經對你伸出援手的人，那麼你不會有時間照顧自己，不論是休息、運動、閱讀、看電影、陪伴孩子、與配偶相處或談戀愛等。請將難得的空閒時間用來與那些讓你開懷大笑、讓你快樂的人相處吧。如果你總是聽命於那些不斷找你幫忙、尤其是那些以為世界應該圍繞著他們運轉的人的召喚，那麼你不會有時間滿足自己的需要。

當你瞭解大部分的人不會為你著想、不會擔心你怎麼想，且通常不會關心你的感受時，你對於說「不」，就不會那麼猶豫不決了。將這個想法存放在你的腦海深處：他或她沒有在為我考量。存

好這個想法後，你在分配自己的付出時，就會變得較具有辨識力。

當你的某位親人心神不寧或生病需要幫助時，你當然會想要伸出援手。當你的某個朋友正經歷著人生困境，或某個同事需要處理突發的個人危機時，你便會生出想要幫助他們的本能，你會盡自己所能地去協助他們。特殊且情有可原的狀況當然需以例外視之，因為它們並不是那些你經常過度承擔或隨意承諾的責任的一部分。

「No」的信條

「No」的信條能提供你所需的利器，讓那些自以為可以利用你的人氣餒。萬一不幸你又落入了以往的「Yes」模式，不必痛苦，請隨時參考以下信條——它們是你的權力法案——讓它們提醒你，你所應得的自由和人生。

你有以下的權力：

- 把自己的計畫和需要放在最前面，因此，說「不」是可能的。
- 建立並防守自己的個人界線。
- 讓別人知道你的感受和願望。
- 運用「不」來整理自己的生活，並駕馭它。
- 行使你的力量與選擇來說「不」。基本上，你有機會選擇。
- 在你想說「沒問題，我可以幫你搞定它」之前，請先想想如何說「不」。
- 先說「不」。你若願意，之後再改變主意。

- 承諾前，要先問清楚細節。
- 稍微改變對方的請求，使其較容易處理。
- 避免接受超越你能力範圍或專長的任務。
- 拒絕那些會奉承你或企圖施壓讓你說「Yes」的人。
- 不要當下回答，拖延時間是你的特權。
- 拒絕那些堅持立即獲得答案的人。
- 不要給對方企圖軟化你的機會。
- 建議對方找其他人，或提供另外一種解決方案。
- 把「我很抱歉」這句話，留到你真的做錯事時再用。

從容退出：你全新的心態

　　學習說「不」，能為你喜歡取悅他人的「毛病」打上預防針。現在你已經學會了如何、何時以及為何要回收你拋棄已久的「不」字，並將它放進你的詞彙裡，把它變成你比較喜歡的回應了。這一個簡單的字能夠幫你解放生命中龐大的壓力、緊張和惱怒。當做為他人支柱——那些要求者永遠的支持體系——的日子消失不見時，你將會更喜歡你自己。

　　事實上，無論你答應做什麼，最後它都將迫使你對自己真正想要做的事或真正想要幫助的人說「不」。當你花費時間奉獻和服務時，請嚴格篩選，如此你才有餘裕對真正想協助的人說「Yes」。

　　如今你已學會了各種說「不」的方式，也更瞭解應該對哪些人、哪些事說「不」了。你將能夠防止那些太常要求且要求太多的人來說服你，你將不再盲目地自願服務，並能在給出承諾前仔細思

考對方的動機。衡量他人的請求——也就是在衝動答應前,先仔細分析——將可排除你在同意後,自己內心所感受到的衝突和失望。

　　說「不」意味著你在做一個有覺知的努力——你選擇了掌握自己的人生。如果你尚未準備好,那就從今天開始吧!說「不」會將你移到你最想要取悅的人的面前,而那裡才是你真正所屬的地方。

國家圖書館出版品預行編目（CIP）資料

不得罪人的回話術：365種教你如何說NO的方法！學
　會拒絕，不當濫好人又能輕鬆贏得尊重／蘇珊·紐曼
　博士（Susan Newman, PhD），克里斯汀娜·錫瑞爾
　（Cristina Schreil）著；吳湘湄譯. -- 初版. -- 臺中市：晨
　星, 2019.10
　　面；　公分. --（Guide Book；259）
　譯自：The book of no : 365 ways to say it and mean it– and
　stop people-pleasing forever
　　ISBN 978-986-443-910-2（平裝）

1. 溝通技巧　　2. 人際關係

177.1　　　　　　　　　　　　　　　　　　108011685

Guide Book 259

不得罪人的回話術：365種教你如何說NO的方法！
學會拒絕，不當濫好人又能輕鬆贏得尊重
【原文書名】The Book of No : 365 Ways to Say It and Mean It—
and Stop People-Pleasing Forever (Updated Edition)

作者	蘇珊・紐曼博士 Susan Newman, PhD
	克里斯汀娜・錫瑞爾 Cristina Schreil
譯者	吳湘湄
編輯	余順琪
封面設計	耶麗米工作室
美術編輯	林姿秀
創辦人	陳銘民
發行所	晨星出版有限公司
	407台中市西屯區工業30路1號1樓
	TEL：04-23595820　FAX：04-23550581
	行政院新聞局局版台業字第2500號
法律顧問	陳思成律師
初版	西元2019年10月31日
總經銷	知己圖書股份有限公司
	106台北市大安區辛亥路一段30號9樓
	TEL：02-23672044／02-23672047　FAX：02-23635741
	407台中市西屯區工業30路1號1樓
	TEL：04-23595819　FAX：04-23595493
	E-mail：service@morningstar.com.tw
	網路書店 http://www.morningstar.com.tw
讀者專線	04-23595819#230
郵政劃撥	15060393（知己圖書股份有限公司）
印刷	上好印刷股份有限公司

定價 350 元
（如書籍有缺頁或破損，請寄回更換）
ISBN：978-986-443-910-2

© Copyright © 2017 by Susan Newman. All rights reserved.
The Traditional Chinese translation rights arranged through Rightol Media
（Email:copyright@rightol.com）

Published by Morning Star Publishing Inc.
Printed in Taiwan
All rights reserved.
版權所有・翻印必究

加入晨星

即享『 50 元 購書優惠券』

回函範例

您的姓名： 晨小星

您購買的書是： 貓戰士

性別： ●男 ○女 ○其他

生日： 1990/1/25

E-Mail： ilovebooks@morning.com.tw

電話／手機： 09××-×××-×××

聯絡地址： 台中 市 西屯 區

工業區 30 路 1 號

您喜歡：●文學／小說 ●社科／史哲 ●設計／生活雜藝 ○財經／商管

（可複選）●心理／勵志 ○宗教／命理 ○科普 ○自然 ●寵物

心得分享： 我非常欣賞主角…

本書帶給我的…

"誠摯期待與您在下一本書相遇，讓我們一起在閱讀中尋找樂趣吧！"